Hispanidad

Manuel García Morente

Idea de la Hispanidad

Conferencias pronunciadas
los días 1 y 2 de junio de 1938
en la Asociación de Amigos del Arte,
de Buenos Aires

sequitur

sequitur [sic: *sékwitur*]:
Tercera persona del presente indicativo del verbo latino *sequor*:
procede, prosigue, resulta, sigue.
Inferencia que se deduce de las premisas:
secuencia conforme, movimiento acorde, dinámica en cauce.

Idea de la Hispanidad, primera edición:
Espasa-Calpe S.A., Buenos Aires 1938

© Ediciones sequitur, Madrid, 2024
Todos los derechos reservados
www.sequitur.es

ISBN: 978-84-127130-6-0
Depósito legal: M-1423-2024

Hecho en Madrid

Índice

I. España como estilo

Cuatro aspectos de la historia de España

Por cuatro veces en la historia universal ha sido España el centro y eje de los acontecimientos mundiales.

La primera vez fue cuando Roma, la gran civilizadora de pueblos, transcendió los límites de la península itálica y puso las plantas en la ibérica. Entonces España no existía. Existía tan sólo como una realidad geográfica. Pero los habitantes de las altas tierras que se extienden desde el Pirineo hasta los confines del Africa poseían ya, sin duda, algunas de las grandes virtudes que a lo largo de los siglos habían de desenvolver magníficamente; porque los hispánicos opusieron al ingreso y establecimiento de Roma en sus territorios tan tenaz y decidida resistencia, que por inesperada sorprendió y conmovió profundamente a los romanos. Fueron dos siglos de laboriosos esfuerzos –durante los cuales Roma tuvo que enviar a España sus mejores legiones y sus más esclarecidos generales– los que duró la conquista de España por los romanos. Y en realidad cabría decir que no hubo en la contienda vencedores ni vencidos; porque, como de Grecia más tarde, podría afirmarse también de España: que el conquistado con-

7

quistó al conquistador. No por la fuerza, sino por la superioridad de una cultura, de una civilización expansiva, fueron domeñados los hispánicos, que consintieron al fin en entrar a formar parte de ese consenso de pueblos que fue el Imperio Romano. Pero entonces los españoles, recibiendo de Roma un cañamazo de cultura y de vida civilizada, devolvieron a Roma, en energías creadoras y en típicas cualidades espirituales, crecidos réditos como pago de los beneficios obtenidos. Los españoles imprimieron su sello peculiar en la orientación histórica y cultural de la vida romana, que se fue hispanizando, por decirlo así, al tiempo que España se latinizaba. De España fueron a Roma hombres, ideas, pensamientos, cualidades vitales y espirituales, que dejaron indelebles huellas en la historia romana –entonces historia del mundo–. No hace falta insistir en detalles. La serie de los emperadores, de los filósofos, de los poetas, de los oradores españoles que marcaron rumbos en la política y en la cultura del Imperio está en la mente de todos. España, en su primer encuentro con un elemento extraño, supo, pues, maravillosamente asimilar lo necesario, conservando, empero, y afirmando la peculiaridad de sus propias esencias populares.

El segundo momento en que España ocupa el centro del escenario de la historia universal fue cuando el mundo árabe, desencadenado en uno de los vendavales más extraordinarios que registra la historia, invade por Occidente Europa, inunda España y amenaza volcarse como catarata sobre todo el resto del continente europeo y aniquilar la cristiandad. Entonces un puñado de españoles conscientes de su alto misión histórica, un puñado de españoles en quienes las virtudes futuras de la raza habíanse ya depurado, fortalecido y acrisolado, oponen a la ola musulmana una resistencia verdaderamente milagrosa. En las montañas de Asturias salvóse la cristiandad y con ella la esencia de la cultura europea. Mas he aquí, entonces, a España, constreñida durante ocho siglos a montar la guardia en el baluarte de Europa, para permitir que el resto de los países europeos vague en paz y tranquilidad a sus menesteres interiores. España, a quien la Providencia confirió la misión de salvar la cultura cristiana europea, asume su destino con plenitud de valor y de humildad; y durante ocho siglos lleva a cabo, a la vez, dos empresas ingentes: la de oponer su cuerpo y su sangre al empujón de los árabes, asegurando así la tranquilidad de Europa, y la de hacerse a sí misma, crearse a sí misma como nación consciente de su unidad y de su destino. La compenetración de esas dos tareas históricas explica muchos de los caracteres más típicos de la hispanidad; porque en la península, durante esos siglos de germinación nacional, la vida ha debido manifestarse y desenvolverse siempre en dos frentes, por decirlo así, en negación de lo ajeno y en simultánea afirmación de lo propio, como repulsa de las formas mentales y espirituales oriundas del mundo árabe y como tenaz mantenimiento de las primordiales condiciones y aspiraciones de

9

la naciente nacionalidad. Por eso el espíritu religioso, cristiano, católico, llega a constituir un elemento esencial de la nacionalidad española. Durante ocho siglos no hay diferencia entre el no ser árabe y el ser cristiano; la negación implica la afirmación, la afirmación lleva en si la negación. La nación española, teniendo que forjar su ser, su más propia e íntima esencia, en la continua lucha contra una convicción religiosa ajena, contraria, exótica e imposible, hubo de acentuar cada día más amorosamente, en el seno de su profunda intimidad, el sentimiento cristiano de la vida. El cristianismo desde entonces es algo consubstancial con la idea misma de la hispanidad.

Pero además de la sensibilidad católica, esa lucha de ocho siglos contra el peligro musulmán desenvuelve en el alma hispánica un modo de ser peculiar, una acentuación de las virtudes guerreras en la persona individual, unas cualidades típicas que, depuradas en años y siglos de ejercicio real o imaginado, vienen a condensarse en el tipo humano del caballero –tipo que, al finalizar este período, domina en el mundo y da la pauta a las preferencias sociales.

Mas con esto llegamos al tercer gran momento de la historia española: los siglos XVI y XVII. Ya está terminada la secular tarea. Los últimos mahometanos trasponen las fronteras de la península; y al mismo tiempo el diseño psicológico del alma española acaba de redondear su traza inmortal. Las energías que durante los ocho siglos de la

Reconquista habían ido destilándose han constituido ya la nación española, han forjado ya el ideal hispánico de vida, han pergeñado decisivamente el tipo de hombre español. Ahora la hispanidad, terminada su labor interna, se expande hacia fuera, sale de sus fronteras, toma en sus manos la dirección del curso histórico y durante dos siglos lleva –por decirlo así– la batuta en el concierto de la historia universal. España enseña al mundo, en este período de su hegemonía, las tres ideas básicas en que se funda la vida política moderna. En *primer* lugar, la idea del Estado nacional, que los Reyes Católicos llevan a realización plena, antes que ninguna otra monarquía de Europa. Justamente la gran tarea de la Reconquista había preparado a España para ser en el mundo moderno la primera nación en donde el Estado, la monarquía y el pueblo se fundieran como unidad política actuante, eliminando la monarquía las fuerzas de todo poder disidente y los últimos vestigios del feudalismo medieval. Cuando en Europa todavía los señores son poderosos contra el rey, ya en España, en la España de los Reyes Católicos, el poder real identificado con el pueblo y constituyendo unidad sólida de Estado, reduce toda oposición y allana toda aspereza de rebeldía. En *segundo* lugar, España bajo los Reyes Católicos constituye, por vez primera en la historia moderna, el modelo de un ejército nacional, órgano indispensable del nuevo Estado; el cual, en efecto, no sería capaz de realizar su propia esencia política si no dispusiera de una fuerza armada a las órdenes, no del rey como señor, sino del rey como jefe indiscutido del Estado nacional. En *tercer* lugar los españoles, la nación española, enseñan al mundo de entonces los principios teóricos y la realización práctica de la moderna política "imperialista". Desde los Reyes Católicos hasta Felipe IV, España expande por el orbe su imperio universal, establece su predominio en las partes de Europa, dilata sus posesiones por los nuevos mundos, que sus navegantes descubren, circunda la tierra llevando la cruz y su bandera por las comarcas más remotas conquista y coloniza continentes y construye el imperio más vasto que la historia ha conocido. Y en estas tres esenciales enseñanzas: concepto del Estado nacional monárquico, idea del ejército nacional, expansión imperialista de la política exterior, España, anticipándose a todos los demás pueblos, señala el programa que las demás naciones se propondrán realizar después de ella y en contra de allá. Lo que Inglaterra y Francia, seguidas luego por Alemania e Italia, hanse esforzado por ser y hacer en la tierra es –no se olvide– una idea que España pensó y realizó la primera en la historia del mundo moderno.

Por último, la cuarta ocasión en que España ocupa el centro y constituye el eje de la historia universal es la coyuntura actual, la que estamos viviendo en nuestros días. España se ha encontrado de pronto con que el destino histórico le señalaba una misión de transcendental importancia: la de dilucidar, la de demostrar experimentalmente la imposibilidad de que una teoría, por apoyada que esté en fuerzas materiales, prevalezca sobre la realidad histórica de la nacionalidad. Las necesidades políticas de un Estado extranjero y las obligaciones ideológicas de una teoría social exótica determinaron que desde 1931 España fuese invadida, sin previa declaración de guerra, por un ejército invisible, pero bien organizado, bien mandado y abundantemente provisto de las más crueles armas. La Internacional comunista de Moscú resolvió ocupar España, apoderarse de España, destruir la nacionalidad española, borrar del mundo la hispanidad y convertir el viejísimo solar de tanta gloria y tan fecunda vida en una provincia de la Unión Soviética. De esta manera el comunismo internacional pensaba conseguir dos fines esenciales: instaurar su doctrina en un viejo pueblo culto de Occidente y atenazar la Europa central entre Rusia por un lado y España soviética por el otro, creando, al mismo tiempo, a las puertas mismas de Francia una base eficaz para la próxima acometida a la nacionalidad francesa. Este plan, cuya base principal era la sovietización –la deshispanización– de España, es el que ha convertido a la nación española hoy en el centro o eje de la historia universal. Porque las circunstancias en que se ha procurado la ejecución de ese plan son tales, que su éxito o su fracaso habría de decidir un punto capital para la historia futura del mundo: el de si es posible o no que la teoría política y

13

social del comunismo prevalezca sobre la realidad vital de las nacionalidades y deshaga –más o menos lentamente– la división de la humanidad en naciones. Y así, de pronto, el problema de España ha quedado elevado a la categoría de un verdadero experimento crucial de la historia. Este experimento histórico ha sido, empero, concluyente. Iniciado en 1931, he aquí que durante los siete años fatídicos las ruinas se han ido amontonando sobre España, los cadáveres se han ido hacinando en piras gigantescas. Pero los vesánicos esfuerzos de los "sin patria" se han estrellado, al fin, ante la secular voluntad de una nación que no quiere morir asesinada. Al cabo de siete años de esfuerzos formidables, el fracaso del comunismo internacional es patente. Sobre las ruinas humeantes que los ejércitos comunistas dejan atrás en su fuga, ondea victoriosa la bandera nacional; y la nacionalidad hispana se siente hay más fuerte, más vigorosa, más decisiva que nunca. España acaba, pues, de demostrar al mundo que ninguna teoría, por armada que esté de recursos, puede destruir la nacionalidad, base indispensable de toda vida colectiva humana. España ha asumido estoicamente el papel de víctima ejemplar en el laboratorio de la historia y ha dado en su propia carne y con su propia sangre una inolvidable lección al mundo, una lección que ojalá, en efecto, no sea olvidada jamás.

Considerad, señores, estos cuatro momentos capitales de la historia de España. Un mismo rasgo esencial los emparenta y casi los identifica. En las cuatro fundamentales ocasiones España ha actuado siempre de la misma manera: aceptando estoicamente su destino, pero, al mismo tiempo, reaccionando sobre los hechos reales, para imprimir en ellos la forma de su propia esencia espiritual, afirmada por encima de cualesquiera vicisitudes. La aceptación estoica del destino histórico es, pues, el primer rasgo saliente de la actitud hispánica ante la vida. España ha sido siempre fiel a su destino histórico. Jamás ha eludido los problemas que la coyuntura de los hechos le planteaba. Pudo, por ejemplo, someterse sin resistencia al yugo romano; no lo hizo sino que asumió con entereza ejemplar la empresa de hacerse respetar por el poderoso e ingresar sobre base de igualdad en el consenso jurídico de la cultura latina. Pudo dejar pasar sobre sus lomos la avalancha musulmana; no lo hizo, sino que descubrió en la lucha contra el Islam la razón misma de su propio ser histórico. Pudo mantenerse quieta en la intimidad de sus fronteras, después de terminada la tarea de la Reconquista; no lo hizo, sino que aceptó impávida la misión, que el momento histórico le imponía, demostrar al mundo –acaso prematuramente– lo que es y debe ser el Estado nacional moderno. Por último, en el momento presente, pudo

–admitámoslo como mera posibilidad abstracta– recibir con pasiva mansedumbre la invasión comunista soviética y dejarse anular como nación; no lo hizo, sino que se irguió con todas sus energías, resolviendo en su provecho propio, y en paradigma ejemplar para el mundo, el problema histórico planteado por el comunismo internacional. En las cuatro ocasiones, pues, siempre España se ha resuelto sin vacilación a asumir estoica, heroicamente, la tarea que el destino histórico le planteaba.

Pero al mismo tiempo que fiel a su destino, España ha sido siempre también fiel a su propia esencia, a su ser espiritual. Aceptando los hechos, nunca ha permitido que los hechos se adueñasen de su alma, sino que, por el contrario, ha sido ella, la hispanidad, la que, revolviéndose, ha impreso sobre los hechos la huella indeleble de su esencia espiritual. La fidelidad al destino no impidió jamás a España el ser también fiel a sí misma y a su más íntima esencia. Dicho de otro modo: la historia de España nos ofrece a cada instante –y más claramente en sus más preclaros momentos– la imagen de un pueblo que no ha consentido nunca en ser mero objeto pasivo de los acontecimientos, sino que ha querido ser sujeto activo de ellos, un pueblo que nunca se ha dejado "hacer" por la historia, sino que ha "hecho" él mismo la historia, su historia –y muchas veces la ajena–. Habrá podido, en ciertos períodos de ideologías incongruentes con su propio espíritu –por ejemplo en los siglos XVIII y XIX– apartarse del tráfago universal y recluirse desdeñosa en el aislamiento de sí mismo. Pero aun esa misma ausencia no puede considerarse como pasividad; es tan sólo disconformidad, es decir, una nueva forma de afirmación propia. Y así, a todo lo largo de los siglos, podríamos muy bien contemplar la historia de España como un lento proceso de propia depuración, como un continuo ejercicio ascético encaminado a perfeccionar, en la actuación temporal, cierto "ser colectivo", cierto "modo de ser humano" típico y peculiar, que llamaríamos la "hispanidad". En consonancia con los caracteres fundamentales de lo orgánico, de lo viviente, cabría, pues, decir que si la historia de España engendra la hispanidad, no menos cierto es que a su vez la hispanidad engendra la historia de España; y que si los hechos en el tiempo han ido creando esa esencia espiritual que llamamos España, también, en sentido inverso, cabe considerar la evolución de la historia como producto concreto de esa esencia eterna que llamamos la hispanidad. La historia de España es, en suma, el ejemplo más puro que se conoce de "ascetismo histórico", donde un pueblo entero hace lo que hace *porque es* quién es y *para ser* quién es.

EL TEMA DE ESTAS CONFERENCIAS

Pero entonces, ante ese panorama histórico tan sorprendente de un pueblo, cuyo desenvolvimiento se cifra en la fidelidad a sí mismo, el problema inmediato que se plantea es el de descubrir, definir, explicar en qué consiste ese "sí mismo", al cual la nación española ha permanecido siempre fiel. ¿En qué consiste la hispanidad? ¿Qué es esa España idéntica y diversa a lo largo del tiempo? ¿Qué es ese "ser" de lo hispánico, al cual la historia de España se subordina de una punta a otra de su largo camino? En estas conferencias nos hemos propuesto, precisamente, responder –con mayor o menor exactitud– a esas preguntas. Estas conferencias no son otra cosa que un esfuerzo por apresar, en palabras y en conceptos, algo, al menos, de esa impalpable esencia que venimos llamando la hispanidad. El intento es, por la índole propia del problema, irrealizable. La esencia de una nación, como la de un individuo, no se puede definir, no se puede reducir a conceptos intelectuales; es tan característica, tan singular y única, que resulta imposible subsumirla en un conjunto de notas lógicamente inteligibles. Por eso lo único que podremos –acaso– lograr será dar una sensación general de lo que es la hispanidad, ayudar al lector a tener una intuición de lo hispánico; nunca, empero, definir en conceptos ese germen, a la vez producto y productor, que ha engendrado y engendrará todavía un indefinido número de formas concretas y particulares en la sucesión del tiempo.

Sobre la esencia de la nacionalidad existen al presente dos grandes grupos de teorías. Un primer grupo, que es el de las teorías que llamaríamos naturalistas. Un segundo grupo, que es el de las teorías que llamaríamos espiritualistas.

Las teorías naturalistas son aquellas que consideran que la esencia de la nación consiste en una cosa natural; por ejemplo, la sangre, la raza, o un determinado territorio de fronteras bien definidas geográficamente, o el cuerpo material de un idioma, un montón de vocablos. Según estas teorías la nación sería, pues, el producto histórico, la resultante de las virtualidades inscritas en esas "cosas" naturales: sangre, raza, territorio, idioma, &c. Un cierto número de caracteres primarios, esenciales, inherentes a esos objetos naturales –por ejemplo los caracteres somáticos, raciales, los geográficos, los idiomáticos– imprimiríanse indefectiblemente en los grupos humanos partícipes y se propagarían a todos los hechos sucesivos y simultáneos verificados por esos hombres y grupos, constituyendo la unidad histórica que llamamos nación. Ahora bien, a este grupo de teorías naturalistas es posible oponer graves y, a mi parecer, decisivas objeciones.

Sin duda alguna la sangre, la raza, constituye un ingrediente importante en la formación de la nacionalidad. Pero ¿puede decirse que ese ingrediente sea el que por sí solo haga la nación y la esencia misma de la nación? De ninguna manera. Ahí están los hechos históricos que lo desmienten. En España, por ejemplo, podemos enumerar un cierto número de razas y sangres distintas que, sin embargo han ingresado en el crisol de la nacionalidad y se han depurado en el más acendrado hispanismo. Los iberos, procedentes del sur, se funden con los celtas septentrionales. Los celtíberos se funden con los romanos. La población hispano-romana presencia las efímeras invasiones de vándalos, de alanos y de suevos, pero también el establecimiento definitivo de los visigodos. Todo ello sin contar las colonizaciones fenicias y griegas en nuestras costas mediterráneas. No puede decirse, por consiguiente, que la nacionalidad española esté constituida sobre la base de una unidad y pureza absoluta de raza. El elemento racial en una nación es, desde luego, importante; pero no el único y, menos aún, el esencial. Un ejemplo característico encontramos en la historia del arte. Viene de Grecia a España un pintor, que no tiene ni una gota de sangre española, el Greco. Y este pintor se asimila tan profundamente el espíritu español, la esencia de la hispanidad, que sus cuadros constituyen uno de los más elevados exponentes del alma hispánica. No digamos, pues, que la raza o la sangre sean los elementos esenciales de la nacionalidad.

¿Diremos, entonces, que esa esencia de la nación está formada por la contigüidad de vida, por la base del territorio común? ¿Diremos que forman nación aquellos hombres que conviven un mismo territorio, bien definido geográficamente, por sola su coexistencia telúrica? Pero tampoco podemos decir esto. La historia, los hechos históricos se oponen a ello. Los territorios nacionales varían a lo largo de la historia y sufren las vicisitudes de la historia. Dependen de la nacionalidad; no la nacionalidad depende de ellos. La doctrina de las "fronteras naturales" encuentra una y otra vez en la historia su refutación. Francia no tiene frontera natural con Bélgica y casi tampoco con Alemania. España no tiene frontera natural con Portugal; y, sin embargo, el espíritu español, la nacionalidad española es bien distinta y diferenciada de la portuguesa. Galicia, región que geográficamente se asemeja más a Portugal que a Castilla, pertenece, sin embargo, íntimamente a la unidad nacional española y no a la portuguesa. Por consiguiente, tampoco puede decirse que la contigüidad de población o el territorio común constituya la esencia de la nacionalidad.

¿No será, pues, el idioma el que define y fundamente la nación? Pero, evidentemente, el idioma es un producto del espíritu nacional, lejos de ser la causa agente del mismo. El lenguaje, todo lenguaje, cambia, evoluciona en el curso de la historia; justamente el estudio minucioso de esos cambios históricos del idioma nacional revela la actuación sobre él del espíritu, del alma nacional, que, preexistente en cada momento, modifica el cuerpo del idioma acomodándolo a las necesidades espirituales de la nación. Por eso pueden en una nación coexistir idiomas distintos sin que ello infiera menoscabo a la unidad nacional; porque la unidad nacional no depende de la unidad lingüística. No es, pues, tampoco la lengua la que constituye la esencia que buscamos de la nacionalidad.

Ni la raza, ni la sangre, ni el territorio, ni el idioma bastan, pues, para dilucidar el "ser" de una nación. La sangre, el territorio, el idioma son "cosas", pertenecen a la naturaleza. La nación, empero, no es una "cosa", sino algo superior a toda concreción natural. Sin duda, al amar a nuestra patria amamos todos la sangre que corre por nuestras venas, por las de nuestros padres y abuelos, por las de nuestros hijos. Sin duda, al amar a nuestra patria, amamos todos el idioma familiar, los vocablos luminosos con que nuestra madre nos enseñara a hablar con Dios y con ella, los que ella, a su vez, había aprendido de sus padres, los que de generación en generación se han transmitido como vaso sagrado de toda nuestra cultura. Sin duda, al amar a nuestra patria, amamos todos la material realidad telúrica de nuestro suelo, los paisajes dulces y tiernos o ásperos y sublimes, que encantaron nuestra niñez. Pero la nación española, que todos los españoles amamos por encima de nosotros mismos, la patria española es algo superior a esa sangre, a ese suelo, a ese idioma. La patria, la nación española es algo superior a todo eso, porque ha hecho todo eso. Ese suelo, ese idioma, esa sangre, las formas que todo eso tiene, la manera de convivir los hombres en ese territorio, el idioma de esos hombres, el modo de expresarse, las costumbres, los monumentos, las instituciones, todo, en suma, lo que se contiene visible o invisible en el vocablo España, todo eso es producto concreto del espíritu hispánico, todo eso es el cuerpo mismo de la nación. Pero ¿cuál es su alma, cuál es su esencia?

El hombre y la naturaleza

Las teorías naturalistas de la nacionalidad son, pues, en su fondo radical erróneas; porque desde el primer instante cometen el error de considerar la nación como una cosa, como una cosa natural, cuya explicación, por lo tanto, tendría que hallarse, a su vez, en cosas naturales. Ahora bien, la nacionalidad no es cosa; ni menos cosa natural. La nación está por encima de las realidades naturales y de toda cosa concreta; porque la nación es creación exclusivamente humana, con todos los caracteres típicos de lo específicamente humano, es decir, de lo anti-natural.

El hombre, en efecto, si por un lado pertenece a la naturaleza y participa de las cosas, a cuyas leyes obedece, es, por otro lado, el único ser natural dotado de la libertad; la cual consiste justamente en el poder de superar la naturaleza. La libertad humana hace del hombre el ser capaz de luchar contra la naturaleza y vencerla. La libertad humana convierte al hombre en autor de su propia vida y en responsable de ella –lo que jamás puede ser un ente meramente natural–. Considerad la diferencia capital que existe entre el hombre y el animal. No busquéis esa diferencia ni en la cuantía de los órganos o facultades, ni en la diversidad de las formas visibles. No la busquéis en ninguna comparación basada sobre las dos realidades "naturales". Pero, en cambio, buscadla y la encontraréis en la índole peculiar de las diferentes vidas que el hombre y el animal viven. La vida del animal transcurre toda ella constreñida por las leyes naturales que imperan sobre la especie. En cada momento la vida del animal está íntegramente predeterminada por la serie total de los antecedentes reales, por el instinto, por la fisiología, la anatomía, la psicología de la especie a que pertenece. Por eso dos animales de una misma especie tienen vidas idénticas. El animal no se hace su propia vida, sino que la recibe ya hecha, hasta en sus menores detalles; y se limita a ejecutarla. Es como el comediante, que representa un papel escrito, pensado y concebido por otro. Por eso el animal no es responsable de su propio ser, de su propia vida; porque esa "su" vida no es en puridad suya, sino de… la naturaleza.

El hombre, en cambio, porque es libre, necesita hacerse a sí mismo su propia vida. La libertad humana consiste justamente en eso: en que la vida del hombre no viene de antemano hecha por las leyes de la naturaleza, sino que es algo que el hombre mismo, al vivirla, tiene que hacer y resolver en cada instante y con anticipación. Vivir es para el animal hacer en cada momento lo que por ley natural tiene que hacer. Vivir, en cambio, es para el hombre *resolver* en cada momento lo que va a hacer en el momento siguiente. Al animal no le compete, como viviente, sino ejecutar la melodía ya pre-escrita de su vida. El hombre, en cambio, tiene que pensar primero lo que quiere que su vida sea; tiene que decidir luego serlo; y, por último, tiene que ejecutar esas sus propias resoluciones y previos pensamientos. Por eso el animal, que no es libre, hállase totalmente subsumido en el concepto de naturaleza; mientras que el hombre, libre, supera en sí mismo y fuera de sí la naturaleza y se hace a sí mismo –se inventa, se crea– su propia vida, que no puede en modo alguno contemplarse y juzgarse con los conceptos sacados de la realidad natural. Así la vida animal, como pura naturaleza, está sujeta a la uniformidad en todos y cada uno de los individuos de cada especie; en cambio la vida del hombre es estrictamente individual y cada vida humana representa un valor infinito, precisamente porque es singularísima y propia de una personalidad irreductible. (Obsérvese en este punto que la consecuencia inmediata del comunismo sería el uniformismo de las vidas humanas, es decir, la animalización del hombre; consecuencia a la que las premisas "naturalistas" del marxismo –como de cualquier otra forma de naturalismo– conducen inevitablemente. Por eso se ha dicho, con razón profunda, que luchar contra el comunismo es tanto como luchar por la cultura y civilización humanas.)

25

Así, el hombre es propiamente hombre por lo que tiene de no-animal, esto es, de no-natural. Para vivir humanamente, el hombre necesita pensar de antemano, prever de antemano lo que "quiere ser", a fin de serlo en su vida. Necesita dominar la naturaleza, dar realidad a algo que naturalmente no la tiene, esforzarse por imaginar un tipo de vida, un modo de ser, cuyo modelo no encuentra en ninguna parte, en ningún lugar natural, sino sólo en lo más profundo de su corazón. El hombre no tiene, pues, "naturaleza", sino que se hace a sí mismo en la vida; es más, su vida consiste justamente en ese "hacerse a sí mismo". Desde que nacemos hasta que morimos, los humanos somos responsables de cada momento y de todos los momentos de nuestra vida; y ese comodín que llaman algunos "naturaleza humana", no es, en realidad, sino la base sobre la cual ha de erguirse y encumbrarse la verdadera y auténtica humanidad, la que consiste en superar cuanto de meramente natural hay en nosotros.

Mas tan pronto como penetramos en los ámbitos de la libertad, tropezamos con el espíritu, esto es, con la capacidad infinita y la infinita diversidad de formas. En efecto, decir que la vida humana no es animal, equivale a decir que la vida humana no es uniforme, sino infinitamente diversa. Esa diversidad se manifiesta justamente en la historia. La historia es la continua producción por el hombre de formas y modos de ser nuevos, imprevistos, que no pueden derivarse de elementos naturales. La historia es

–como la vida del hombre– algo que ninguna ley de la naturaleza predetermina. El hombre la hace libremente, al hacer su propia vida. Por eso, en la historia humana encontramos un repertorio tan variado de formas o modos de ser hombre –desde el faraón egipcio hasta el cortesano de Luis XIV, desde el nómada árabe hasta el mandarín chino, desde el filósofo griego hasta el conquistador español, desde el samurái japonés hasta el labriego castellano–. Y aún le quedan a la humanidad infinitas formas que discurrir y realizar –Dios sólo las conoce.

La nación, la nacionalidad, es también una de esas estructuras humanas, no naturales, hijas legítimas de la libertad del hombre. La nación es una creación del hombre. Por eso decíamos de ella que supera infinitamente toda naturaleza, toda "cosa" natural, como la sangre, la raza, el territorio, el idioma. La naturaleza, abandonada a sí misma, produciría razas, quizá incluso organizaciones como las de los castores o las de los hormigueros. Jamás empero, eso que llamamos nación, patria, pueblo.

TEORÍAS ESPIRITUALISTAS DE LA NACIONALIDAD

Así, pues, no pudiendo la esencia de la nacionalidad encontrarse en una cosa natural, fuerza es resolverse a buscarla en un acto espiritual. Aquí tropezamos, pues, con el segundo grupo de teorías a que hace un instante me he referido. Son todas ellas teorías que, en efecto, reconocen la imposibilidad de definir la nación como cosa natural y la necesidad consiguiente de definirla como acto espiritual. Ahora bien, ¿cuál es ese acto espiritual en que la nación consistiría?

De entre las teorías espiritualistas de la nacionalidad entresacaremos dos, que, por la prestancia de sus autores y por la claridad de su diseño resultan adecuadísimas a los propósitos de nuestro estudio. El filósofo francés Renan se propone buscar una definición de la nación. Bien pronto, empero, se da cuenta de que los elementos naturales, como raza o sangre, territorio, idioma, no bastan a explicar los contenidos trascendentes de la nacionalidad. Entonces, como acabamos de hacer nosotros, desecha las teorías naturalistas y encamina su indagación hacia un acto espiritual. Y llega a la conclusión de que la nación es el acto espiritual colectivo de adhesión que en cada momento verifican todos los partícipes de una determinada nacionalidad. "Una nación –dice– es un plebiscito cotidiano." Fórmula feliz, sin duda, clara, breve, contundente y que pone la esencia de la nación en el ápice íntimo de todos los corazones que la componen. En efecto, una nación es eso, la adhesión plebiscitaria que todas las almas tributan diariamente a la unidad histórica de la patria. Pero no basta con esto. Hace falta concretar algo más. ¿Sobre qué objeto recae esa adhesión de todos? Para Renan, el objeto a que el plebiscito cotidiano nacional presta su adhesión no puede ser otro que el pretérito, la historia nacional, "un pasado de glorias y de remordimientos". Nación es, pues, según Renan, todo grupo de hombres que, conviviendo juntos desde hace mucho tiempo, prestan diariamente a la unidad, que constituyen, una adhesión constante, referida a la integridad de su pasado colectivo. Según esto, la nación española, por ejemplo, sería el acto espiritual que diariamente prestamos todos los españoles –dignos de tal nombre– a nuestro pasado integral, a toda nuestra historia pretérita, es decir, a los malos como a los buenos lados, a las "glorias" como a los "remordimientos", haciéndonos solidarios de todo lo que nuestros antecesores han hecho, han pensado y han sido, inscribiéndonos en la lista infinita de esos hombres que, desde Viriato hasta hoy, constituyen una a modo de irrompible cadena.

Frente a esta teoría de Renan podemos colocar la tesis del filósofo español José Ortega y Gasset. El ilustre pensador hispano comparte con Renan la convicción de que ni la sangre, ni la raza, ni el territorio, ni el idioma, ni elemento ninguno "natural", pueden considerarse como esencia de la nacionalidad. También, como Renan, cree José Ortega y Gasset que un acto espiritual tiene que ser el que constituya la esencia de la nacionalidad. Ese acto es, por último, para el filósofo español, como para el francés, un acto de adhesión plebiscitaria que los hombres actuales tributan a la unidad de la patria. Pero la diferencia entre los dos pensadores cuyas teorías analizamos es que, para

Renan, la adhesión plebiscitaría recae sobre el pasado histórico colectivo, mientras que para José Ortega y Gasset recae sobre el porvenir histórico que va a realizarse. La nación es, pues, según éste: "primero: un proyecto de convivencia total en una empresa común; segundo: la adhesión de los hombres a ese proyecto incitativo." La idea, pues, de un futuro, que se ofrece como forma deseable y preferible de convivencia total, sería lo que, para José Ortega y Gasset, mejor definiría la esencia de la nacionalidad; pues esa esencia, que en la historia se revela siempre creadora, productora, fecunda en obras y formas nuevas, ha de ir evidentemente orientada hacia el porvenir, si ha de ser, en efecto, como siempre ha sido, propulsora de la vida social. La adhesión al pasado histórico no bastaría a explicar el dinamismo creador de la nacionalidad. Siendo ésta una forma de vida actual, tiene necesariamente que orientarse hacia el futuro, al cual se encara por definición toda vida humana.

He aquí, pues, las dos teorías más notorias del grupo espiritualista, en lo referente a la esencia de la nacionalidad. Si las examinamos en comparación una de otra, hallaremos ante todo que en muchas partes coinciden, y que donde no coinciden no son tampoco incompatibles o contradictorias. Coinciden en toda la parte que pudiéramos llamar negativa: eliminación radical de las concepciones naturalistas y necesidad de buscar la nacionalidad en un acto espiritual. Coinciden también en el carácter de adhesión colectiva que dan a ese acto espiritual. Sólo discrepan en el momento de determinar el objeto sobre el cual haya de recaer la adhesión colectiva. Ese objeto es, para Renan, el pasado; para José Ortega y Gasset es, en cambio, el futuro. Pero esta divergencia no parece, en el fondo, irreductible. La adhesión a una "empresa futura" se compadece perfectamente con la adhesión a un pasado de "glorias y remordimientos". El acto de adhesión podría tener muy bien dos facetas: la una que mirase al pasado y la otra que mirase al futuro. Así, pues, las dos teorías espiritualistas que acabamos de examinar no sólo no se oponen, sino que podrían de un modo relativamente fácil componerse en una sola teoría más amplia y comprensiva.

La nación como estilo

Pero esta teoría más amplia y comprensiva tendría que superar las dos tesis espiritualistas en el residuo que aún les queda de naturalismo, en su concepto de acto espiritual o de adhesión. A mi juicio, el error fundamental de cada una de estas dos tesis está en lo siguiente: La teoría de Renan olvida que la adhesión plebiscitaria al pasado no tendría eficacia ni virtualidad histórica, viva y activa –sería un mero romanticismo contemplativo–, si no fuese completada por la adhesión a un futuro incitante, a un proyecto de ulterior vida común. El patriotismo nacionalista no se limita al pasado y al presente, sino que se ejercita también sobre el futuro, sobre el ideal o propósito o programa de un venturoso porvenir. Cada partícipe de un país siéntese, en efecto, desde su juventud, peón y campeón del engrandecimiento nacional. Mas, por otra parte, debemos preguntarnos: ¿es que un proyecto cualquiera de futuro puede merecer la adhesión de todos los nacionales? Evidentemente, no. Un proyecto cualquiera de futuro no va a recibir, por el solo hecho de ser proyecto futuro, la adhesión plebiscitaria de los nacionales. Puede acontecer que en una nación un grupo de hombres proponga a la totalidad nacional una determinada empresa a realizar y que la nación rechace esa empresa. Mas no nos quedemos en esto. Sigamos preguntando: ¿por qué la nación rechaza ciertos proyectos que se le proponen y aprueba y abraza otros? No hay más que una explicación posible: que esos proyectos de empresa rechazados no guarden con el presente y el pasado del país íntima y profunda afinidad u homogeneidad. Así, la nación rechazará aquellos proyectos de empresa que contradigan el modo de ser del presente y del pasado, aquellos proyectos que constituyan una ruptura con el modo de ser de la nación, incesantemente confirmado en el presente y en el pasado. Si a una nación como la española, cuyo discurrir a lo largo de la historia, cuya actividad histórica, ostenta en su larguísimo pasado un sello o carácter o modo de ser determinado, se le propone de pronto un proyecto de empresa que no mantenga relación de congruencia u homogeneidad con lo que la nación ha sido, esa nación rechazará el proyecto propuesto. Ahora es cuando llegamos al punto culminante de toda esta discusión. Ahora vemos que la adhesión espiritual plebiscitaria –de que hablan Renan y José Ortega y Gasset– no constituye la esencia última de la nación, puesto que ese acto espiritual de adhesión está él a su vez objetivamente condicionado por cierto "carácter", cierto "modo de ser" que han de poseer los proyectos propuestos. En realidad, la nación no es, pues, el acto de adherir, sino aquello a que adherimos. Mas como aquello a que adherimos se presenta a su vez como un proyecto de futuro, o como un estado o situación presente, o un larguísimo pasado, resulta que, en verdad y profundamente, aquello a que adherimos no es tampoco ni la realidad histórica pasada, ni la realidad histórica presente, ni el concreto proyecto futuro, sino *lo que hay de común* entre los tres momentos, lo que hace que los tres sean homogéneos, lo que los liga en una unidad de ser, por encima de la pluralidad de instantes en el tiempo. La nacionalidad no consiste, pues, sólo en que cada uno de nosotros diga: "Soy español", y verifique el acto de adhesión a esa realidad actual, pasada y futura, llamada España; sino que consiste principalmente en la homogeneidad de esencia, que reúne todos los hechos de España en el tiempo y hace de todos ellos aspectos o facetas de una misma entidad. Ser español es actuar "a la española", de modo homogéneo a como actuaron nuestros padres y abuelos.

Ahora bien, esa afinidad entre todos los hechos y momentos del pasado, del presente y del futuro, esa homogeneidad entre lo que fue, lo que es y lo que será, esa comunidad formal, no tiene realmente más que un nombre: *estilo*. Una nación es un estilo; un estilo de vida colectiva.

España como Estilo

Proponed a una nación, por ejemplo a la española, un proyecto de empresa común cuyo estilo sea incongruente con el estilo español –con España–. La nación lo rechazará; porque nación es justamente unidad fundamental de estilo en todos los actos colectivos. Ahora ya llegamos a un término claro en toda esta discusión. Hemos visto con evidencia que la nación no es cosa natural, ni sangre o raza, ni territorio, ni idioma. Ahora vemos que la nación no es tampoco el acto subjetivo de adherir al pasado o al futuro; sino que es el estilo común a todo lo que el pueblo hace, piensa y quiere y puede hacer, pensar y querer. Cuando en la vida de un grupo humano a lo largo del tiempo existe unidad de estilo en los diversos actos, en las empresas, en las producciones, entonces puede decirse que existe una nación. España, la nación española, no es, pues, un territorio mayor o menor; no es una determinada raza; no es un determinado idioma; es un estilo de vida, el estilo español de vida. Todo lo que en España hay y se hace, ese

34

territorio con sus cultivos y sus modificaciones humanas, esa raza con sus caracteres, sus modalidades, sus gestos, sus preferencias, sus ritmos, ese idioma con todos sus vocablos, sus giros, sus dichos, todos los actos que en España se han realizado desde los tiempos remotos y primitivos hasta hoy, todas las creaciones que se han engendrado, todas esas cosas, formas y productos, mantienen entre sí cierta homogeneidad especial, un aire de familia, un carácter común impalpable, invisible, indefinible, que es la comunidad de estilo. Ese estilo común a todo lo español, eso es España.

Considerad, por ejemplo, las figuras de Guzmán el Bueno y del general Moscardó. ¿Qué hay de común entre ellas, si atendemos sólo al contenido material de las dos vidas? Nada. Sin embargo, el estilo es el mismo. ¿Qué hay de común entre Numancia y la defensa heroica del Alcázar toledano? En el contenido material, nada. Pero el estilo es el mismo. Repasad en vuestra imaginación las más variadas producciones del arte y de la literatura española. ¿Qué hay de común entre un cuadro de Velázquez y la mística de Santa Teresa? El estilo. Las cosas mismas no pueden ser más diferentes. Sin embargo, en ellas palpita un mismo hálito; en ellas hay un mismo modo de ser, el estilo de todo lo español. Los conquistadores, la estatuas de Alonso Cano, el monasterio del Escorial, los cuadros de Goya, la figura de Felipe II, el duque de Alba, San Ignacio de Loyola, las costumbres de los estudiantes salmantinos,

Lazarillo de Tormes, Don Juan Tenorio, la colonización de América, la conquista de Méjico, nuestras letras, nuestras artes, nuestros campos, nuestras iglesias, nuestros oficios, nuestros talleres, nuestras instituciones, nuestras diversiones, nuestros monarcas, nuestros gobiernos, nuestro teatro, nuestro modo de andar, de hablar, de reír, de llorar, de cantar, de vestir, de nacer y de morir, toda nuestra vida en cualquier época de la historia que la tomemos y cualquiera que sea el corte que en ella demos a lo largo del tiempo, ostenta siempre una modalidad común, una homogeneidad indefinible, pero absolutamente evidente e innegable. Eso es el estilo, el estilo en que la nación española consiste. España –como cualquier otra nación auténtica– es un estilo de vida.

¿QUÉ ES EL ESTILO?

Pero ¿qué es estilo? Permitidme que, para resolver este difícil problema, recuerde ahora algo de lo que hace pocos instantes decíamos al hablar de la libertad humana. Decíamos que el hombre es, a diferencia del animal, el inventor y autor de su propia vida –y el responsable de ella–. Esto quiere decir que, cuando hacemos algo –y vivir es siempre hacer algo–, imprimimos a todo lo que hacemos, a nuestros actos y a las cosas que nuestros actos producen, una determinada modalidad peculiar que la naturaleza misma no nos enseña, sino que se deriva de nuestra personal participación en el espíritu de la inmortalidad. Así, cada uno de nuestros actos y cada una de nuestras obras puede considerarse desde dos puntos de vista: como medio para conseguir y obtener un determinado fin y como expresión de un conjunto personal de preferencias absolutas. La estructura general de cada acto y de cada obra viene primeramente determinada por el fin propuesto –si es que se propone un fin–. Toda casa-habitación ha de tener un tejado y unos muros o paredes. Hay, pues, estructuras de los actos y de los productos humanos que encuentran su explicación y razón de ser en el principio de finalidad. Pero la aplicación del principio de finalidad no puede llegar a lo infinito. Hacemos un acto para lograr un fin; el cual, a su vez, lo deseamos para el logro de otro fin; el cual, a su vez, nos lo hemos propuesto como medio para la obtención de otro fin. ¿Seguiremos así indefinidamente? No. No es posible. Tenemos que detenernos. ¿Dónde nos detendremos? Nos detendremos en cierta imagen, en cierto pensamiento, que cada uno de nosotros lleva en el fondo de su corazón acerca de lo que es absolutamente preferible. Ahora bien, este conjunto de pensamientos o imágenes de lo absolutamente preferible adopta en cada uno de nosotros la forma de una personalidad humana; es la imagen ideal del ser humano, que quisiéramos ser; es la imagen del hombre absolutamente valioso, infinitamente "bueno", del hombre perfecto. Esa imagen transcendente e inmanente al mismo tiempo, esa imagen invisible, pero presente en todos los momentos de nuestra vida, ese nuestro "mejor yo", que acompaña de continuo a nuestro yo real y material, está siempre a nuestro lado, en todo acto nuestro, en todo esfuerzo, en toda obra; e imprime la huella de su ser ideal a todo lo que hacemos y producimos. Esa huella indeleble es el estilo. Y así, en todo acto y en todo producto humano hay, además de las formas o estructuras, determinadas por el nexo objetivo de la finalidad, otras formas o estructuras o modalidades, por decirlo así, libres, que vienen determinadas por las preferencias absolutas residentes en el corazón del que hace el acto y produce la obra. Estas modalidades, que expresan la íntima personalidad del agente y no la realidad objetiva del acto o hecho, son las que constituyen el estilo.

Por eso decía muy razonablemente Buffon, que el estilo es el hombre. Pero esta fórmula necesita aclaración. Porque "hombre" puede tomarse en dos sentidos: en el sentido real o natural del hombre que efectivamente y naturalmente somos, con todas las limitaciones de la carne, del pecado, de la "naturaleza" humana; y en el sentido ideal, estimativo o moral del hombre que quisiéramos ser, de la imagen o modelo en que nuestra mente cifra todo el conjunto de lo que nuestro corazón considera como absolutamente preferible. Este otro "mejor yo", que en nuestro yo real reside, es el que inconscientemente se abre paso a cada instante en nuestro obrar –o sea en nuestro vivir– y pone su firma en todo cuanto hacemos. Esa rúbrica de nuestro más íntimo y auténtico ser moral es el estilo. Por eso, todo lo que el hombre hace tiene estilo. Tiene estilo, porque, además de estar determinado por aquello para que sirve, está configurado por la invisible presencia y actuación de ese "mejor yo", que condensa en una persona humana ideal –invisible y presente– nuestras más profundas y auténticas preferencias. En cada hombre individual podemos, pues, descubrir siempre un estilo propio, el sello de ese auténtico aunque oculto ser, que se refleja en todo lo que el hombre real hace y produce, desde el gesto, el ademán y el porte del cuerpo, hasta la obra artística del poeta, el pintor o el escultor.

Ahora bien, cuando conviven juntos en intimidad de vida muchos hombres, durante mucho tiempo, y entre ellos cuaja una como coincidencia esencial en las preferencias absolutas, puede suceder que los ideales humanos de todos y cada uno concuerden en ciertos rasgos generales; que un determinado tipo o modo de "ser hombre" se repita en cada uno de los ideales individuales; que en el fondo de cada estilo individual esté latente y actuante un estilo colectivo. He aquí, entonces, la nación. Esos hombres constituirán una unidad nacional, mientras en efecto posean y conserven ese estilo colectivo común, por debajo de los estilos individuales. Las vidas de esos hombres formarán un haz, tendrán la unidad de un mismo modo de ser, de sentir, de preferir, de actuar y de querer, la uni-

dad colectiva de un mismo estilo, la unidad de una nacionalidad propia. Esos hombres formarán una nación.

La nación, pues, es un estilo. De no ser esto, habría que
sucumbir nuevamente a las teorías naturalistas. Porque el
error fundamental de Renan y de José Ortega y Gasset es
creer que escapan al naturalismo definiendo la nación
como el acto espiritual de "adherir" –a una realidad histórica pasada o a un proyecto de historia futura–. Tan "natural", empero, es el acto de adhesión, como otro fenómeno
psíquico cualquiera, o como la constitución fisiológica o
anatómica, o la raza, o el territorio, o la lengua. En cambio,
lo que radicalmente no es "natural", lo que incluso se con-
trapone a todo naturalismo, es eso que hemos llamado
estilo, la huella que sobre nuestro hacer real deja siempre
el propósito ideal, el sesgo que a toda realidad imprime
nuestro íntimo sistema de preferencias absolutas.

NACIONALISMO Y TRADICIONALISMO

Por eso, la responsabilidad que a los gobernantes de una
nación incumbe es realmente tremebunda; y, en ciertos
momentos históricos trágica. Ellos son, en efecto, los
encargados de administrar la vida común de la nación; y
para cumplir su cometido debidamente han de permane-
cer en todo instante absolutamente fieles al estilo nacional,
lo cual quiere decir, fieles a la nacionalidad, a la patria. El

buen gobernante prolonga el pasado en el futuro y conduce la nación a novedades que tienen siempre el aire, el estilo de la más rancia prosapia nacional. No ha de hacer lo que él personalmente quiera, sino lo que esté dentro de la línea histórica, dentro del modo de ser nacional. En el gobierno de una nación la voluntad individual es siempre capricho; y el capricho es justamente el salto incomprensible, la incoherencia, la infidelidad, la falta de estilo. De un hombre cuyos actos sucesivos no tienen la cohesión de una homogeneidad en la forma, en el modo, en el estilo, decimos justamente que carece de personalidad, que es infiel a su propio ser, que no tiene ser o esencia propios, es decir, que es poco hombre. Pues, del mismo modo, el nacionalismo, el patriotismo, el gobierno patriótico de una nación, consisten esencialmente en la fidelidad del pueblo y de los gobernantes al propio estilo secular, que es la propia esencia eterna. Y cuando acontece que un pueblo comete grave infidelidad a su estilo propio, entonces, este acto equivale a su suicidio como nación. La historia nos ofrece algunos ejemplos de ello. Por el contrario, los pueblos que en su vivir son siempre fieles a sí mismos, a su estilo nacional, pueden aguantar impávidos las más borrascosas vicisitudes de la historia y son capaces incluso de absorber, digerir, asimilar, nacionalizar, en suma, a sus propios conquistadores.

Pero si la perpetuación del estilo nacional es la condición primaria y fundamental para la existencia y persistencia de una nación; si la falta más grave que un gobernante puede cometer es la ruptura con la tradición del estilo nacional, esto no quiere decir que nacionalismo y gobierno nacionalista equivalgan a estancamiento, inmovilidad, y menos a un retroceso. Desde nuestro punto de vista, la palabra tradición adquiere ahora un sentido claro, transparente, inequívoco. Tradición es, en realidad, la transmisión del "estilo" nacional de una generación a otra. No es, pues, la perpetuación del pasado; no significa la repetición de los mismos actos en quietud durmiente; no consiste en seguir haciendo o en volver a hacer "las mismas cosas". La tradición, como transmisión del estilo nacional, consiste en hacer todas las cosas nuevas que sean necesarias, convenientes, útiles; pero en el viejo, en el secular estilo de la nación, de la hispanidad eterna. El tradicionalismo no significa, pues, ni estancamiento ni reacción; no representa hostilidad al progreso, sino que consiste en que todo el progreso nacional haya de llevar en cada uno de sus momentos y elementos el cuño y estilo que definen la esencia de la nacionalidad.

¿Cuál es el estilo Hispánico?

España es, pues, un estilo, como toda auténtica nación. Hay en la nación española, sin duda, cierta afinidad de raza entre sus componentes humanos; hay en la nación española un idioma común, un territorio común, un pasado común, "glorias y remordimientos" comunes, un porvenir común; y, sin duda, también cada día la unidad nacional se manifiesta en la íntima adhesión que cada buen español tributa al pasado, al presente y al porvenir de España. Pero todos esos contenidos de la nacionalidad no son la nacionalidad misma. La nacionalidad se cifra y compendia en el "estilo", en cierto "modo de ser" que por igual ostentan todos y cada uno de los hechos, de las cosas, de los productos españoles. Ahora se nos plantea, pues, la segunda parte de nuestro empeño. ¿Cuál es ese estilo hispánico? ¿En qué consiste el estilo propio de la hispanidad? Problema difícil y aún diríamos, en puridad, imposible de resolver. Porque los conceptos de que nos valemos para definir algo, aplícanse bien a las "cosas", a los "seres"; pero no pueden servir para aprehender un estilo; el cual no es ni cosa ni ser, sino un "modo" de las cosas, un modo del ser. Por eso, ni siquiera intentaremos "definir" el estilo español y habremos de limitarnos al esfuerzo de "mostrarlo", de hacerlo intuitivo, mediante un símbolo que lo manifieste. A mi parecer, la imagen intuitiva que mejor simboliza la esencia de la hispanidad es la figura del caballero cristiano. En la segunda conferencia procuraré desentrañar el contenido simbólico de esta imagen.

II. El caballero cristiano

Decíamos ayer que la nación no es ninguna cosa material de las que hay en la naturaleza. No es una raza, ni una sangre. No es un territorio, ni un idioma. Tampoco, como creen algunos pensadores modernos, puede definirse como la adhesión a un determinado pasado o a un determinado futuro. La nación, por el contrario, es algo que comprende por igual el pasado, el presente y el futuro; está por encima del tiempo; está por encima de las cosas materiales, naturales; por encima de los hechos y de los actos que realizamos. La nación es el estilo común a una infinidad de momentos en el tiempo, a una infinidad de cosas materiales, a una infinidad de hechos y de actos, cuyo conjunto constituye la historia, la cultura, la producción de todo un pueblo. La nación española es, pues, el estilo de vida que ostentan todos los españoles y todo lo español, en los actos, en los hechos, en las cosas, en el pensamiento, en las producciones, en las creaciones, en las resoluciones históricas.

Ahora bien; ¿en qué consiste ese estilo propio de España y de lo hispánico? ¿Qué es la hispanidad? Tal fue el problema que dejamos planteado ayer para la conferencia de hoy: el de evocar –puesto que definir no es posible– ante ustedes la esencia del estilo español. Y digo que un estilo no puede definirse, porque el estilo no es un ser –ni real, ni ideal–; no es una cosa, no es un posible término ni de nuestra conceptuación, ni de nuestra intuición. Hay cosas que no pueden definirse –como por ejemplo, un color–, pero que son objeto de intuición directa. El estilo no es tampoco de estas cosas; porque el estilo no es cosa, sino "modalidad" de cosas; ni es ser, sino "modo" de ser. No es un objeto que nosotros podamos circunscribir conceptualmente, ni señalar intuitivamente en el conjunto o sistema de los objetos. El estilo no puede, pues, ni definirse ni intuirse. Entonces, ¿qué podemos hacer para conocerlo? ¿Cómo podremos formarnos alguna noción, o idea, o evocación, o sentimiento, de lo que es el estilo hispánico?

Lo mejor que podríamos hacer sería, sin duda, entrar en trato profundo y continuado con ese estilo; sumergirnos durante largas semanas y meses en el estudio de la historia de España; estar con los españoles, que fueron, en un largo comercio de íntima familiaridad; recorrer la península ibérica; contemplar sus paisajes; visitar sus ciudades, sus pueblos, sus aldeas; conversar con sus habitantes; admirar los cuadros que los españoles han pintado, las estatuas que han labrado y los edificios que han construido; leer las obras de su literatura y de su ciencia; oír sus cantos y sus músicas; mirar sus bailes; en suma, convivir real e intuitivamente con todas las manifestaciones de su vida pasada y presente. Y, al cabo de esa larga y variada convivencia con todo lo hispánico, con todas esas cosas en que está impreso el estilo, el modo de ser hispánico, tendríamos en nuestro espíritu una noción clara, precisa, intuitiva, aunque inefable e indefinible, del estilo español.

Pero este camino sería extraordinariamente largo y sólo practicable para contadísimas personas. Hay, pues, que buscar un sustituto. ¿Cuál? El único que en este caso se ofrece a las posibilidades humanas: la simbolización. Busquemos un símbolo, esto es, una figura que descifre y evoque todo ese montón de formas, esas modalidades en las cuales el estilo de la nacionalidad española se documenta. Cuando algo no puede ni definirse ni señalarse con el dedo; cuando algo no tiene posible concepto ni posible intuición, entonces la única manera de descifrarlo y evocarlo consiste en descubrirle algún símbolo adecuado. Símbolo es una figura real –objeto o persona– que, además de lo que ella es en sí y por sí misma, desempeña la función de descifrar y evocar algo distinto de ella. La bandera es un símbolo. La balanza de la justicia es un símbolo. De igual manera, ¿no podríamos descubrir alguna figura de cosa o de persona que nos empujase irremediablemente hacia ciertos pensamientos, ciertos sentimientos, ciertas emociones e intuiciones similares o idénticas a esa "modalidad" del ser hispánico? Intentémoslo y preguntemos, ante todo: ¿en qué figura podría simbolizarse lo español, el estilo de la hispanidad?

No podrá, desde luego, simbolizarse en una cosa. Para simbolizar un modo de ser viviente, una cosa inánime no sirve. La figura simbólica tendrá, pues, que ser figura de persona viva, un ser humano, un hombre. Puesto que lo que se trata de simbolizar aquí es un estilo de vida, el camino para hallar el símbolo no podrá ser otro que el de buscar en el arsenal de nuestra historia y de nuestra cultura españolas alguna figura humana que sea típica y que, sin ser real –pues sería entonces harto limitada–, designe en su diseño psicológico, con amplitud suficiente, la modalidad particular del alma española. ¿Dónde encontraremos semejante figura, que no siendo real se aplique, sin embargo, a la realidad hispánica y que no caiga en el peligro de la fría abstracción y del mero esquema? Lo primero en que se nos ocurre pensar es el arte. En las producciones del arte tenemos, efectivamente, un buen repertorio de figuras irreales y, sin embargo, concretas, y bien llenas de espiritualidad y de estilo hispánicos. Una solución muy atractiva sería, por ejemplo, la de simbolizar el estilo español en las figuras de Don Quijote y Sancho. Encontraríamos, sin duda, en ellas, un gran número de alusiones y evocaciones de la eterna hispanidad. También podría elegirse la figura artística del Cid. Acaso, igualmente, alguna traza sacada de un cuadro español famoso. Así no sería mal símbolo del estilo español la figura central del cuadro de Velázquez denominado las Lanzas. En esta escena vemos a Espínola recibiendo con gesto de suprema elegancia y benevolencia las llaves que entrega el burgomaestre de la ciudad de Breda. El contraste entre los dos personajes es notabilísimo. Velázquez ha sabido, con intuición genial, cifrar en esas dos figuras los estilos de dos pueblos completamente dispares. También el retrato del Greco, conocido bajo el nombre de "el caballero de la mano al pecho", nos proporcionaría quizás un elocuente símbolo de la humanidad española.

EL CABALLERO CRISTIANO

Pero todas estas figuras, tomadas del tesoro artístico de España, tienen un grave inconveniente: su excesiva determinación, su adscripción marcada a un momento, a un lugar o a una esfera de la realidad vital. Y esta determinación excesiva les impide desempeñar con plenitud de valor la función de símbolos de la hispanidad integral. Podrán, sin duda, plasmar con acusado relieve, en trazos inolvidables, una o dos o tres cualidades de la índole hispánica; pero no es fácil que tengan la universalidad que para nuestro intento se requiere. Nuestro intento, efectivamente, no es sólo de evocación concreta, sino también de sugestión amplia; es, a un tiempo mismo, sentimental, intuitivo e intelectual, discursivo. Los símbolos procedentes de esferas demasiadamente acusadas y de concreciones demasiadamente limitadas, correrían el riesgo de reducir con exceso el área de su vigencia y aplicación. Más que una figura, lo que necesitamos, pues, para simbolizar la hispanidad, es un tipo, un tipo ideal; es decir, el diseño de un hombre que, siendo en sí mismo individual y concreto, no lo sea, sin embargo, en su relación con nosotros; un hombre que, viviendo en nuestra mente con todos los caracteres de la realidad viva, no sea, sin embargo, ni éste, ni aquél, ni de este tiempo, ni de este lugar, ni de tal hechura, ni de cual condición social o profesional; un hombre, en suma, que represente, como en la condensación de un foco, las más íntimas aspiraciones del alma española, el sistema típicamente español de las preferencias absolutas, el diseño ideal e individual de lo que en el fondo de su alma todo español quisiera ser. Los antiguos griegos, para representar plástica e intuitivamente el estilo de su nación, forjaron el término bien expresivo de *kalós kai agathos*; el hombre bello y bueno. La síntesis de esas dos virtudes, material y corpórea la una, moral y cordial la otra, simbolizan perfectamente el ideal humano, que, más o menos claro, se cernía ante la mirada de todos los griegos clásicos. Del mismo modo, el ideal humano, que los romanos clásicos aspiraban a realizar, puede también condensarse o simbolizarse en los dos términos famosos del *otium cum dignitate*, que dibujan inequívocamente la gravedad honorable del patricio, alejado de todo negocio (*nego otium*) y exclusivamente dedicado a la administración de sus bienes, de la república y de la honra personal y familiar. Y para no citar sino un solo ejemplo de naciones modernas, recordad la significación de infinitas resonancias que tiene para los ingleses la palabra gentleman, donde se concreta y a la vez se condensa toda una ética, una estética, una sociología y, en suma, la manera misma de ser típica del pueblo inglés.

Pues bien, yo pienso que todo el espíritu y todo el estilo de la nación española pueden también condensarse y a la vez concretarse en un tipo humano ideal, aspiración secreta y profunda de las almas españolas, el caballero cristiano. El caballero cristiano –como el *gentleman* inglés, como el ocio y dignidad del varón romano, como la belleza y bondad del griego– expresa en la breve síntesis de sus dos denominaciones el conjunto o el extracto último de los ideales hispánicos. Caballerosidad y cristiandad en fusión perfecta e identificación radical, pero concretadas en una personalidad absolutamente individual y señera, tal es, según yo lo siento, el fondo mismo de la psicología hispánica. El español ha sido, es y será siempre el caballero cristiano. Serlo constituye la íntima aspiración más profunda y activa de su auténtico y verdadero ser –que no es tanto el ser que real y materialmente somos, como el ser que en el fondo de nuestro corazón quisiéramos ser.

Vamos, pues, a intentar un análisis psicológico del caballero cristiano, de ese ser irreal, que nadie ha sido, es, ni será, pero que –sépanlo o no– todos los españoles quisieran ser. Vamos a intentar describir a grandes rasgos la figura del caballero cristiano, como representación, símbolo o imagen del estilo español, de la hispanidad. ¿Qué siente, qué piensa, qué quiere el caballero cristiano? ¿Cómo concibe la vida y la muerte? ¿Cómo cree en Dios y en la inmortalidad? ¿Cuál es el matiz de su religiosidad? ¿Cuál es, en suma, su sistema de preferencias absolutas? Esta descripción interior del caballero cristiano es la única manera posible de determinar –en cierto modo– la esencia de la hispanidad, el estilo de la nación española.

Paladín

Los siglos de Reconquista han impregnado de religiosidad hasta el tuétano el alma del caballero cristiano; infundiéndole, además, la convicción de que la vida es, en efecto, lucha; la lucha por imponer a la realidad circundante una forma buena, una manera de ser excelente, que por sí misma la realidad no tendría. El caballero cristiano es, pues, esencialmente un paladín defensor de una causa, deshacedor de entuertos e injusticias, que va por el mundo sometiendo toda realidad –cosas y personas– al imperativo de unos valores supremos, absolutos, incondicionales.

Y lo que lo caracteriza y designa como paladín no es solamente su condición de esforzado propugnador del bien, sino, sobre todo, el *método directo* con que lo procure. El caballero cristiano no tiene aguante, no aguarda, no espera; no busca, para transformar la realidad mala en realidad buena, algunos rodeos más o menos largos que de un modo, por decirlo así, mecánico, metódico y natural, vayan produciendo la deseada modificación de la realidad. El caballero cristiano cree ciegamente en la virtud y eficacia inmediata de su propia voluntad y esforzada resolución para transformar las cosas. Otras mentalidades más lentas, menos ejecutivas y más propensas a acatar el sistema de las leyes naturales, pensarán que toda modificación de la realidad por el hombre requiere tiempo, exige primero una sumisión aparente a la legalidad física y material, hasta descubrir, poco a poco, las coyunturas por donde se pueda obligar a la naturaleza a asumir la forma y función determinada por el pensamiento humano de lo mejor. Esta manera de actuar sobre las cosas reales postula, empero, la necesidad de esperar; requiere tiempo y trae como consecuencia la idea de una evolución lenta en el proceso de modificación de las cosas por el hombre. Mas el método evolutivo y paciente de influir sobre la realidad repugna al caballero cristiano, que quiere ahora mismo y sin más tardar, por sólo el imperio de su voluntad y poder, que el mal desaparezca y el bien sea, y que todo se someta a la fórmula contundente de sus palabras. Hay en la mentalidad del paladín al mismo tiempo optimismo e impaciencia; optimismo como fe absoluta en el poder moral de la voluntad; impaciencia como demanda de transformación inmediata y total, no gradual y progresiva. Para el caballero cristiano, en suma, el ideal moral no es la norma a que se somete un proceso de transformación lento y progresivo, sino el imperativo de realización inmediata, completa y perfecta.

Esta manera de sentir y de pensar implica, a su vez, un cierto desprecio de la realidad intrínseca; no sólo en el sentido de considerarla mala o indiferente, sino también en el sentido de tenerla por fácilmente vencible, transformable, dominable. La materia, el cuerpo, los cuerpos están o deben estar a las órdenes del espíritu; si se niegan a obedecer a éste, es preciso obligarles, por la violencia, si fuera necesario, o por la penitencia o por el castigo sobre sí mismo y sobre los demás. El caballero cristiano no duda de poder transformar la realidad, de acuerdo con los imperativos de las preferencias absolutas; justamente porque *desprecia* esa realidad y la considera incapaz de verdadera y autónoma existencia. La vida, pues, toda la vida habrá de consistir esencialmente en una constante enmienda de las cosas, de acuerdo con los dictados de lo mejor, de lo más perfecto.

Ahora bien, ¿qué es lo mejor, lo más perfecto? ¿Quién dice al caballero cristiano lo que tiene que preferir, lo que debe hacer, la ley a que debe someter a los demás y a sí mismo? Ahora llegamos a otro punto capital de nuestro análisis. Esos valores, esas preferencias absolutas, esa ley a que el caballero cristiano somete a los demás y se somete a sí mismo, no proceden de ningún código escrito, ni de costumbres, ni de convenciones humanas; proceden exclusivamente de la propia conciencia del caballero. El caballero no los encuentra hechos y vigentes, sino que los hace e impone él por sí mismo. No están "ahí", como las leyes públicas; sino que florecen en el corazón del caballero, el cual no conoce otra legalidad que la ley de Dios y su propia convicción. El caballero cristiano es el paladín de una causa, que se cifra en Dios y su conciencia. No acata leyes que no sean "sus" leyes; no se rige por otro faro que la luz encendida en su propio pecho.

GRANDEZA CONTRA MEZQUINDAD

De esa condición primaria del caballero, paladín de su propio ideal, derívanse un cierto número de preferencias más concretas, que vamos a enumerar rápidamente. En primer lugar la preferencia de la grandeza sobre la mezquindad. Pero ¿qué es la grandeza y qué la mezquindad? Grandeza es el sentimiento de la personal valía; es el acto por el cual damos un valor superior a lo que somos sobre lo que tenemos. Mezquindad es justo lo contrario, esto es, el acto por el cual preferimos lo que tenemos a lo que somos. El caballero cristiano cultiva la grandeza, porque desprecia las cosas, incluso las suyas, las que él posee. Pone siempre su ser por encima de su haber. Se confiere a sí mismo un valor infinito y eterno. En cambio, no concede valor ninguno a las cosas que tiene. Vale uno por lo que es y no por lo que posee. Don Quijote lo afirma: "dondequiera que yo esté, allí está la cabecera".

Antes, pues, consentirá el caballero cristiano sufrir toda clase de penurias y de pobrezas y verse privado de toda cosa, que rebajar su ser con el gesto vil, innoble, de la mezquindad, que es adulación a las cosas materiales. El adulador atribuye falsamente al adulado valores y modalidades que éste no tiene; de igual modo el mezquino supone falsamente en las cosas materiales valores que éstas no poseen. El caballero cristiano no adula ni a las personas ni a las cosas. Su grandeza le protege de cualquier mezquindad. Prefiere padecer toda escasez y sufrir trabajos que doblegar la conciencia que de sí mismo tiene.

Esta preferencia por lo grande sobre lo mezquino, documentaríase fácilmente en mil hechos de la historia española, en innumerables productos del arte y de la vida españoles. El Escorial, por ejemplo, es la ilustración en piedra de esa preferencia; es pura grandeza pobre. La sobriedad de las formas personales y estéticas –a veces rayana en austeridad y aun en tosquedad– impresiona a todo el que se acerca a la vida española; y no es sino un derivado inmediato de esa preferencia esencial de lo grande a lo mezquino. La generosidad, a veces loca, del español; el desprecio impresionante con que trata las cosas materiales; la sencillez sublime con que se despoja de todo; la disposición tranquila al sacrificio de todo bien material; he aquí algunas de las consecuencias prácticas de esa condición hispánica que hemos llamado grandeza. El alma española no puede nunca conceder a lo material más valor que el de un simple medio para realzar y engarzar el valor supremo de la persona.

Arrojo contra timidez

Otra consecuencia del "ser" caballeresco es la preferencia del arrojo a la timidez o de la valentía al apocamiento. El caballero cristiano es esencialmente valeroso, intrépido. No siente miedo más que ante Dios y ante sí mismo. Pero ¿qué sentido tiene esta valentía? O dicho de otro modo: ¿por qué no conoce el miedo el caballero cristiano?

Lo característico, a mi juicio, de la intrepidez hispánica es, en términos generales, su carácter espiritualista o ideológico, o también podríamos decir religioso. En efecto, se puede ser valiente –o por lo menos dar la impresión de la valentía– de dos maneras: por una especie de embotamiento del cuerpo y de la conciencia al dolor físico, o por un predominio decisivo de ciertas convicciones ideales. En el primer caso situaríamos la valentía de los primitivos, de los hombres toscos, rudos, endurecidos, encallecidos física y psíquicamente; es una valentía hecha en su mayor parte de inconsciencia y de anestesia fisiológica; es una propiedad –¿cualidad o defecto?– de la raza, de la fisiología, de la constitución somática. En el segundo caso situaríamos la valentía de los que van a la lucha y a la muerte sostenidos por una idea, una convicción, la adhesión a una causa. Estos saben bien lo que sacrifican; pero saben también por qué lo sacrifican. Tipo supremo: los mártires. Sin duda alguna este segundo modo de la valentía es la que merece más propiamente el nombre de humana. La primera es animal; está en relación con el sexo, con la fisiología, con la anatomía, con la especie o la variedad biológica. La segunda, la humana, es superior a esas limitaciones o condicionalidades "naturales"; es superior al sexo, a la edad, a la efectividad fisiológica y anatómica. Depende exclusivamente del poder que la idea –la convicción– ejerza sobre la voluntad –la resolución.

Ahora bien, una de las características esenciales del caballero cristiano –y por consiguiente del alma hispánica– es la tenacidad y eficacia de las convicciones. Precisamente porque el caballero no toma sus normas fuera, sino dentro de sí mismo, en su propia conciencia individual, son esas normas acicates eficacísimos y tenaces, es decir capaces de levantar el corazón por encima de todo obstáculo. La valentía del caballero cristiano deriva de la profundidad de sus convicciones y de la superioridad inquebrantable en su propia esencia y valía. De nadie espera y de nadie teme nada el caballero, que cifra toda su vida en Dios y en sí mismo, es decir en su propio esfuerzo personal. Escaso y escueto, o abundante y rico en matices, el ideario del caballero tiene la suprema virtud de ser suyo, de ser auténtico, de estar íntimamente incorporado a la personalidad propia. Por eso es eficaz, ejecutivo y sustentador de la intrépida acción. El caballero no conoce la indecisión, la vacilación típica del hombre moderno, cuya ideología, hecha de lecturas atropelladas, de pseudocultura verbal, no tiene ni arraigo ni orientación fija. El hombre moderno anda por la vida como náufrago; va buscando asidero de leño en leño, de teoría en teoría. Pero como en ninguna de esas teorías cree de veras, resulta siempre víctima de la última ilusión y traidor a la penúltima. El caballero, en cambio, cree en lo que piensa y piensa lo que cree. Su vida avanza con rumbo fijo, neto y claro, sostenida por una tranquila certidumbre y seguridad, por un ánimo impávido y sereno, que ni el evidente e inminente fracaso es capaz de quebrantar.

Esa seguridad en sí mismo del caballero cristiano es por una parte sumisión al destino y por otra parte desprecio de la muerte. Ahora bien, la sumisión del caballero a su destino no debe entenderse como fatalismo. Ni su desprecio de la muerte como abatimiento. Ya iremos viendo más adelante el sentido completo de estas cualidades. Baste, por ahora, observar que esa sumisión al destino no se basa en una idea fatalista o determinista del universo, sino que, por el contrario, se funda en la idea opuesta, en la idea de que el destino personal es obra personal, es decir, congruente con el ser o esencia de la persona, que "hace" su propio destino. Cada caballero se forja su propia vida; pero no una vida *cualquiera*, sino la que está en lo profundo de su voluntad, es decir, de su índole personal. Y de su congruencia entre lo que cada cual es y lo que cada cual hace, o entre la índole personal y los hechos de la vida, responde en el fondo la Providencia, Dios eterno, juez universal e infinitamente justo. La fe tranquila, sin nubes, del caballero cristiano es el fundamento de su tranquila y serena sumisión a la voluntad de Dios.

El desprecio a la muerte tampoco precede ni de fatalismo ni de abatimiento o embotamiento fisiológico, sino de firme convicción religiosa; según la cual el caballero cristiano considera la breve vida del mundo como efímero y deleznable tránsito a la vida eterna. ¿Cómo va a conceder valor a la vida terrenal quien, por el contrario, percibe en ella un lugar de esfuerzo, un seno de penitencia, un valle de lágrimas, hecho sólo para prueba de la santificación creciente? Así la fe religiosa del caballero cristiano, compenetrada estrechamente con su personal fe y confianza en sí mismo, es la que sirve de base a la virtud de la valentía o del arrojo.

La combinación de la confianza en sí mismo con la grandeza y el arrojo dan de sí, inevitablemente, la altivez y casi diríamos el orgullo. En esta cualidad el caballero cristiano peca un tanto por exceso –aunque hay casos en que, como dice Aristóteles, es preferible pecar por exceso que por defecto–. El caballero cristiano, huyendo del servilismo, incide gustoso en la altivez. Como no estima ninguna cosa nunca tanto como su propia persona, guardaráse muy mucho siempre de mostrar aprecio a cosas ajenas, de aparecer rendido, obsequioso, y de manifestar que encuentra fuera de sí mismo valores que apeteciera poseer. El caballero, si es rico, se ufana de menospreciar su riqueza; y si es pobre, se ufana de serlo y subraya su pobreza con su altivez. En todo caso el caballero se precia de ser más que de poseer, y opone el desdén a todo oropel adventicio y material.

Esta altivez, en unión con el arrojo, de donde procede, manifiéstase también como afirmación inquebrantable del propósito. El caballero no gusta de componendas, apaños ni medias tintas. Aparece en la vida –y es en verdad– intransigente y a veces terco. Pero es la intransigencia y la terquedad del que se siente llamado a cumplir una misión. Es la intransigencia que abre vía a las iniciativas particulares, individuales. Es la intransigencia fecunda que permite a todo propósito sincero desenvolver su propia esencia hasta el término final y completo.

Mas como el caballero funda su acción y su conducta en la alta idea que de sí mismo tiene, resulta que nunca aspira a ser otro que el que es; y si se complace y alegra en el trato de los demás hombres, es sólo en cuanto que son en efecto hombres y caballeros, pero no porque ocupen puestos elevados o sean de categoría o alcurnia superior. Nada más lejos del alma española que el moderno vicio del snobismo. El español no puede ser snob. Tiene de sí harto elevada opinión y tan profunda conciencia de su ser personal, que prefiere ser quien es –por humilde que sea su condición y posición– a incidir en ridículas y serviles actitudes, saliéndose de su media y categoría humana. El español ha sabido realizar con maravillosa naturalidad y sencillez la síntesis más difícil que pueda imaginarse: servir con dignidad, estar en su sitio sin humillación ni vergüenza y desempeñar con desenvoltura y gravedad al mismo tiempo los más humildes menesteres.

Dos matices de conducta completarán el cuadro de la altivez del caballero: el silencio y la grandilocuencia. El caballero castellano es hombre silencioso y aun taciturno, grave en su apostura y de pocas palabras en el comercio común. Pero cuando se ofrece ocasión solemne o momento de emoción punzante, el caballero sabe alzar la voz y encumbrarse a formas superiores de la elocuencia y de la retórica. Gustará, entonces, de hablar en términos escogidos y aun, si se quiere, rebuscados; en los términos que él juzga congruentes con el valor de su persona, pensamiento y voluntad.

MÁS PÁLPITO QUE CÁLCULO

Este tipo de hombre, que se precia de llevar dentro de sí el guía certero de su vida por el mundo, ha de tomar sus resoluciones más por obediencia a los dictados misteriosos de esa voz interna, que por estudio prudente de las probabilidades. Vosotros tenéis aquí, en América, una palabra lindísima para expresar lo que quiero decir, la palabra *pálpito*. El caballero es hombre de pálpitos más que de cálculos. ¿Imagináis a los conquistadores calculando y computando sabiamente las posibilidades de conquistar Méjico o el Perú? Si tal hubiesen hecho no habrían acometido jamás la empresa, porque el número de probabilidades de fracasar era tan grande y el de triunfar tan ridículamente pequeño, que un cálculo somero bastara para hacerles abandonar el propósito. Pero el caballero cristiano no echa semejantes cuentas; no se pregunta si es fácil, si es difícil y ni aun siquiera si es posible la empresa que tiene ante los ojos. Bástale con que su corazón le mande ejecutarla, para que la acometa, sin detener ni contener su ánimo en el estudio exacto de las probabilidades. Sin duda el caballero fracasa y fenece muchas veces. Pero muchas veces también triunfa por ventura y casi por milagro; y si no fuese por ese arrojo increíble y esa obediencia ciega a los dictados del corazón, la historia no registraría entre sus páginas muchas de las más estupendas hazañas que el género humano ha llevado a cabo.

Esa preferencia del pálpito al cálculo significa en el caballero simplemente la fe inquebrantable en sí mismo y en su destino personal. El caballero cristiano acaricia como supremo ideal de vida el de ser él mismo autor, actor y total responsable de su propia existencia. En dos grupos podrían generalmente dividirse los hombres en lo que al régimen y dirección de la vida se refiere: los que hacen ellos mismos su propia vida y los que la reciben pasivamente ya hecha. Los primeros buscan sus directivas en el fondo de sus propios corazones; actúan de dentro a fuera; influyen sobre el medio y el contorno; imponen a las cosas la huella de su voluntad soberana. Los segundos acatan normas ajenas, a que el medio social u otros individuos les constriñen; viven al dictado; son materia plástica y sumisa. Al primer grupo, sin vacilación alguna, pertenece el caballero cristiano, cuya existencia es una alternativa entre la acción denodada y la abstención orgullosa. El caballero es lo que quiere ser o no es nada. No, empero, consiente transacciones en que su autónoma actividad menoscabe y melle la eficacia de su poder plástico. Hay en el fondo del alma del caballero un residuo indestructible de estoicismo –Séneca era español– que, hermanado íntimamente con el cristianismo, ha enseñado a los hombres de España a sufrir y a aguantar por una parte, a acometer y a dominar por otra. En la historia de nuestra nación hispana adviértese, en efecto, una como oscilación pendular entre el heroísmo y el abstencionismo, entre la hazaña y la inmovilidad, que encuentra bella expresión de sus contrastes en múltiples aspectos de nuestra pintura y de nuestra literatura. Sólo una cosa se mantiene firme: la resolución de no ser vulgar, de ser auténtico, de no sucumbir a la mediocridad de lo común, informe y mostrenco.

Por eso, también –y perdonad esta digresión hacia lo adjetivo– el caballero cristiano es elegante en su porte e indumentaria. La elegancia de los españoles es proverbial desde hace siglos. Ya Baltasar Castiglione la pondera. Nuestro arte la documenta. Y la raíz de esta cualidad vital se encuentra justamente en la acentuación enérgica que el español reclama de su propia autonomía. Al español le preocupa sin duda –y mucho– el que dirán. Pero no lo teme. En la aprobación ajena, que espera y desea, encuentra la confirmación de la valiosa idea que tiene de sí mismo. Pero si lo que hace o dice obtuviere la reprobación ajena, no por eso cambiaría ni su conducta ni la opinión que de sí mismo ha formado. Así las actitudes del caballero, su porte, su indumentaria llevan siempre el sello de la más perfecta desenvoltura y son la expresión más sencilla, directa y espontánea de la seguridad con que su alma siente y piensa. La elegancia del caballero español no consiste ni en el minucioso cuidado del atuendo ni en el aspecto artístico de la indumentaria; estriba toda ella en la perfecta naturalidad, en la adecuación perfecta de lo exterior con lo interior. Dijérase que el vestido cae sobre el español como si perteneciera a su propia esencia, como si fuere la prolongación natural de su alma. En este caso –al parecer nimio– se realiza plenamente el hondo ideal del caballero: que la envoltura exterior sea fiel imagen y producto de la esencia interna.

PERSONALIDAD

Todas estas cualidades del caballero van, en resumidas cuentas, a parar a una característica fundamental: la afirmación enérgica de la personalidad individual. El caballero español se siente vivir con fuerza; se sabe a sí mismo existiendo como un poder de acción y de creación. El caballero español es regularmente una personalidad fuerte. No cede, no se doblega, no se somete. Afirma su yo con orgullo, con altivez, con tesón; a veces con testarudez. Pero siempre con nobleza; es decir, sobre la base de una honda convicción y de una honrada estimación de la propia valía. Es un carácter enérgico, violento y tenaz; pero noble y generoso. Y así como cultiva en sí mismo las virtudes de la resistencia y de la dureza, así también las admira en los demás. Acaso sea la única cosa ajena que él admira.

Una ilustración del temple acerado con que está hecha el alma del caballero español encuéntrase en los innumerables ejemplos de predominio vital de los españoles y de lo español. En un conjunto de individuos pertenecientes a varias nacionalidades, si uno de ellos es español, raro será que no imponga insensiblemente a los demás sus normas de vida y de conducta; y más raro aún que se deje imponer esas mismas normas por los demás. A lo sumo se segregará del grupo y emprenderá su camino solitario, si la divergencia entre él y los restantes componentes del conjunto se hace muy tirante. Así, por ejemplo, el idioma español cuando entra en contacto con otros idiomas suele desenvolver un extraño poder de prevalencia –o desaparece en seguida y por completo–. Y se da el caso curioso de que los habitantes franceses de la frontera hispanofrancesa entiendan y hablen el español, mientras que los españoles no entienden ni hablan el francés. Hay en lo hispánico –en los hombres, en las costumbres, en todo lo que contenga átomos de espiritualidad– una especie de poderío afirmativo, una capacidad de prevalecimiento, un poder de imperar y sobreponerse, que se refleja en los más menudos rasgos de la vida individual y colectiva.

Se refleja, desde luego, en la preferencia resuelta que los españoles dan a las relaciones reales sobre las relaciones formales. Llamo reales a aquellas relaciones entre los hombres, que se fundan en lo que cada persona es realmente, en lo que uno siente y piensa y en cómo siente y piensa, en lo que uno es y en lo que uno vale. Llamo, en cambio, formales a aquellas relaciones que se basan en la abstracción pura, en el mero "ser ciudadano", o "ser hombre" o "ser prójimo"; es decir, en una simple forma, despojada de toda realidad personal, individual, concreta y reducida a mero concepto del derecho o de la moral. El caballero español no siente y casi no comprende la relación abstracta: por ejemplo, la de ciudadanía pura o la de pura humanidad. Necesita cuanto antes "conocer" al otro, hacerse amigo –o enemigo– del otro; establecer con el otro una relación que se funde en la singular persona del otro y no en su simple carácter de "hombre", o de "ciudadano". Por eso entre españoles el trato puede más que el contrato, y las obligaciones de amistad pesan mucho más que las obligaciones jurídicas.

La virtud de la obediencia –por ejemplo– no será fácilmente practicada por el español cuando el jefe, a quien deba obedecer, no tenga en su persona cualidades reales, individuales, que lo impongan naturalmente como jefe. El español se somete con gusto y entusiasmo a otro yo real, en quien percibe fuerza, energía, poder de mando, dureza y superioridad de carácter. Pero no se inclina ante la autoridad puramente metafísica de un concepto; no se somete a la mera idea jurídica de la soberanía, basada, por ejemplo, en voto o sufragio o procedimiento cualquiera de tipo formalista. Entre españoles manda el que "puede"; no el "elegido" por votación. La ley tiene que ir acompañada de otras fuerzas reales, para que su predominio sea efectivo: prestigio personal, tradición secular, superioridad psicológica, jerarquía religiosa. Pero la simple abstracción legal no tiene acceso en el ánimo de los hispanos, siempre propensos a cotejar toda cosa o idea con la íntima realidad de su propia persona individual.

Esta condición radicalmente individualista –y diríamos realista, si este término no fuera expuesto a confusiones– del caballero cristiano, podría fácilmente dar lugar a una falsa apreciación del carácter español. Adelantémonos, pues, a declarar que el caballero español no conoce el "resentimiento". Es raro, muy raro, que un español sea "resentido". Justamente porque el español tiene una conciencia muy elevada de sí mismo y de su valía –conciencia a veces excesiva y exagerada– no incide con facilidad en la envidia y muda codicia rencorosa de lo ajeno. El resentimiento –como el snobismo– no es vicio español. El resentimiento es defecto natural de almas reptantes o trepadoras. Pero el caballero cristiano podrá caer en cualquiera otra aberración antes que en la bajeza o vileza del espíritu reptil. Lo que sucede es que entre el resentimiento o envidia reprimida y el profundo sentimiento de la propia estimación y superioridad, las diferencias externas, visibles y palpables, son sutiles y no siempre claras. El hombre que tiene de sí mismo una alta idea, un profundo sentimiento, propende naturalmente a no percibir los valores ajenos y aun a menospreciarlos. Ahora bien, precisamente esa actitud de menosprecio a lo ajeno es la que el resentido o envidioso adopta también. La conducta es, pues, la misma en los dos casos. Por eso se explica fácilmente la confusión. Pero la diferencia interna es profundísima. El resentido *finge* ese menosprecio, porque *siente* su propia inferioridad. El hombre de honda conciencia personal siente de veras ese menosprecio, porque no reconoce nada ni nadie superior a sí mismo. El español, que lleva consigo por el mundo el repertorio personal de sus gustos, de sus preferencias, de sus admiraciones, niégase terminantemente a reconocer valor a todo lo que no coincida con su propia norma. Pero esto, lejos de ser resentimiento, es, por el contrario, la ingenua y a veces pueril manera de manifestar la obstinada afirmación de su índole personal.

Este hermetismo ante la vida puede tener en ocasiones su lado deplorable y aun doloroso. Así, por ejemplo, entre los españoles, el reconocimiento de la superioridad artística, literaria o científica del poeta, del pintor, del pensador, tarda mucho tiempo –a veces mucho más que la vida de un hombre– en expandirse y consolidarse; precisamente porque es difícil forzar la admiración de un hombre que, como el caballero español, está dispuesto de antemano a no admirar. Casos ilustres conoce nuestra historia. Citemos uno solo: Cervantes. Pero este aspecto se compensa por otros favorables del mismo sentimiento. Ese recato, ese retraimiento, ese intimismo del caballero español, imprime, en cambio, a las producciones del arte y de la vida hispanos un peculiar carácter de espontánea sencillez, opuesta a toda convención falsa y vacía. El español –tanto en su arte como en los momentos de su vida– huye siempre de lo resobado, de lo convencional, de lo falso. Podrá ser, a veces, ampuloso y exagerado; pero nunca inauténtico, nunca preparado, aderezado y –para decirlo de una vez– cursi. La poderosa impresionante sinceridad del arte español constituye el anverso del hermetismo y recogimiento del ánimo en la psicología del caballero.

Culto al honor

Esa estimación superior que el caballero cristiano concede a su personalidad individual encuentra su expresión y manifestación extrema en el culto del honor. El caballero cristiano cultiva con amoroso cuidado su honra. ¡Como que la honra es propiamente el reconocimiento en forma exterior y visible de la valía individual interior e invisible! El honrado es el que recibe honores, esto es, signos exteriores que reconocen y manifiestan el valor interno de su persona. El mecanismo psicológico del sentimiento del honor consiste –brevemente expresado– en lo siguiente: Entre lo que cada uno de los hombres es realmente y lo que en el fondo de su alma quisiera ser, hay un abismo. Ennoblécese, empero, nuestra vida real por el continuo esfuerzo de acercar lo que en efecto somos a ese ser ideal que quisiéramos ser. En la tierra la limitación humana no permite al hombre realizar la perfección, esto es, la identificación entre el ser real que efectivamente somos y el ser ideal que quisiéramos llegar a ser; por eso justamente la vida humana consiste en una imitación o recuerdo imperfecto de la vida ideal divina –Imitación de Cristo–. Honra es, pues, toda aquella manifestación externa que alienta al hombre en su afán y propósito de perfección, ocultando en lo posible el abismo entre la maldad real y la bondad ideal, haciendo *como si* ese abismo no existiera, *como si* cada hombre –mientras no se patentice lo contrario– fuese ya el ser perfecto del ideal, el caballero cumplido. La honra, el honor es, pues, ese reconocimiento externo del valor interior de la persona. En cambio, el menosprecio es todo acto o manifestación externa que hace patente bien a las claras el abismo entre el ser real y el ser ideal perfecto, y que tiene por consecuencia un "menor aprecio" de la persona individual. Puede, pues, una persona deshonrarse o ser deshonrada. Se deshonra cuando es ella misma, por su conducta o sus palabras, la que pone de manifiesto su menor valía, la gran distancia entre el ideal de bondad y la realidad de maldad. Es deshonrada cuando otros, por su conducta o sus palabras, son los que ponen de manifiesto esa menor valía o menor aprecio, el abismo entre la realidad íntima de su persona y el ideal a cuyo servicio está o debe estar.

Siendo esto así, fácil es comprender que la psicología propia del caballero cristiano, su profunda confianza y fe en sí mismo, han de llevarle a consagrar al honor, a la honra, un culto singularmente intenso y profundo. En el caballero el sentimiento del honor se manifiesta de dos maneras complementarias: primero como exigencia de los honores que le son debidos, de los respetos máximos a su persona y función; y segundo, como extraordinario cuidado de mantener ocultas a todo el mundo las flaquezas, las máculas que pueda haber en su ser y conducta. Y de ninguna manera se piense que haya en esto hipocresía. El sentimiento del honor no consiste en que el caballero finja ser lo que no es; sino en que el caballero, por respeto al ser ideal que se ha propuesto ser, prefiere que las imperfecciones de su ser real permanezcan ocultas en el recato de la conciencia y en el secreto de la confesión. El caballero cristiano se sabe, como todo hombre, caña frágil, expuesta al quebranto del pecado; pero ha puesto su vida al servicio de un elevado ideal humano, y la grandeza de su misión es para él tan respetable que exige la ocultación de las humanas miserias. Las debilidades, los pecados queden entre el caballero, su confesor y Dios; y nadie sea osado de descubrirlos y afrentarle con ellos, pues, entonces, la afrenta recae sobre ese mismo ideal perfecto a que el caballero pecador sirve rendidamente. No hay aquí ni disimulo, ni doblez, ni hipocresía. Recordad, por ejemplo, los grandes dramas del honor en Calderón. Encontraréis, sin duda, hombres terribles y quizá excesivos, hombres que lavan su honra en sangre. Pero ninguno es innoble, hipócrita ni disimulado. En la idea que del honor tiene Calderón –índice en esto de todo el pensamiento castellano–, el honor es "patrimonio del alma"; es decir, la forma con que acatamos y reverenciamos exteriormente nuestra misión ideal, ese "mejor yo" hacia cuya imagen enderezamos los actos todos de nuestro yo real histórico.

IDEA DE LA MUERTE

En la idea que el caballero cristiano tiene de la muerte puede condensarse el conjunto de su psicología y actitud ante la vida. Porque una de las cosas que más y mejor definen a los hombres es su relación con la muerte. El animal difiere esencialmente del hombre en que nada sabe de la muerte. Ahora bien, las concepciones que el hombre se ha formado de la muerte pueden reducirse a dos tipos: aquellas para las cuales la muerte es término o fin, y aquellas para las cuales la muerte es comienzo o principio. Hay hombres que consideran la muerte como la terminación de la vida. Para esos hombres, la vida es esta vida, que ellos ahora viven y de la cual tienen una intuición inmediata, plena e inequívoca. La muerte no es, pues, sino la negación de esa realidad inmediata. ¿Qué hay allende la muerte? ¡Ah! Ni lo saben, ni quieren saberlo; no hay probablemente nada, según ellos; y sobre todo, no vale la pena cavilar sobre lo que haya, puesto que es imposible de todo punto averiguarlo.

El otro grupo de hombres, en cambio, ven en la muerte un comienzo, la iniciación de una vida más verdaderamente vida, la vida eterna. La muerte, para éstos, no cierra, sino que abre. No es negación, sino afirmación, y el momento en que empiezan a cumplirse todas las esperanzas. El caballero cristiano, porque es cristiano y porque es caballero, está resueltamente adscripto a este segundo grupo, al de los hombres que conciben la muerte como aurora y no como ocaso. Mas ¿qué consecuencias se derivan de esta concepción de la muerte? En primer lugar, una concepción correspondiente y pareja de la vida. Porque es claro que, para quien la muerte sea el término y fin de la vida, habrá de ser la vida algo supremamente positivo, lo más positivo que existe y el máximo valor de cuantos valores hay reales. En cambio, el hombre que en la muerte vea el comienzo de la vida eterna, de la verdadera vida, tendrá que considerar esta vida humana terrestre –la vida que la muerte suprime– como un mero tránsito o paso o preparación efímera para la otra vida decisiva y eterna. Tendrá, pues, esta vida, un valor subalterno, subordinado, condicionado, inferior. Y así, los primeros se dispondrán a hacer su estada en la vida lo más sabrosa, gustosa y perfecta posible; mientras que los segundos estarán principalmente gobernados por la idea de hacer converger todo en la vida hacia la otra vida, hacia la vida eterna.

Para el caballero cristiano, la vida no es sino la preparación de la muerte, el corredor estrecho que conduce a la vida eterna, un simple tránsito, cuanto más breve mejor, hacia el portalón que se abre sobre el infinito y la eternidad. El "muero porque no muero" de Santa Teresa expresa perfectamente este sentimiento de la vida imperfecta. En cambio, hay colectividades humanas que han propendido y propenden más bien a hacerse una idea positiva de la vida terrestre. Ven la vida como algo estante, duradero –aunque no perdurable–, que merece toda nuestra atención y todos nuestros cuidados. Estos pueblos, que saben paladear la "douceur de vivre", cuidan bien de aderezar y realzar las formas diversas de nuestra vida terrenal; aplican su espíritu y su esfuerzo a cultivar la vida, convierten, por ejemplo, la comida en un arte, el comercio humano en un sistema de refinados deleites y la hondura santa del amor en una complicada red de sutilezas delicadas. Son gentes que aman la vida por sí misma y le dan un valor en sí misma, y la visten, la peinan, la perfuman, la engalanan, la envuelven en músicas y en retóricas, la sublimizan; en suma, le tributan el culto supremo que se tributa a un valor supremo.

Pero el caballero cristiano siente en el fondo de su alma asco y desdén por toda esta adoración de la vida. El caballero cristiano ofrenda su vida a algo muy superior, a algo que justamente empieza cuando la vida acaba y cuando la muerte abre las doradas puertas del infinito y de la eternidad. La vida del caballero cristiano no *vale* la pena de que se la acicale, vista y perfume. No vale nada; o vale sólo en tanto en cuanto que se pone al servicio del valor eterno. Es fatiga y labor y pelear duro y sufrimiento paciente y esperanza anhelosa. El caballero quiere para sí todos los trabajos en esta vida; justamente porque esta vida no es lugar de estar, sino tránsito a la eternidad.

Y así, la concepción de la muerte como acceso a la vida eterna descalifica o desvaloriza, para el caballero cristiano, esta vida terrestre, y la reduce a mero paso o tránsito, harto largo, ¡ay!, para nuestros anhelos de eternidad. Y esta manera de considerar la muerte y la vida viene a dar la razón, en último término, de las particularidades que ya hemos enumerado en el carácter del caballero español. En efecto, un tránsito o paso no vale por sí mismo, sino sólo por aquello a que da acceso. Así, la vida del caballero no vale por sí misma, sino por el fin ideal a cuyo servicio el caballero ha puesto su brazo de paladín. Así, el caballero despreciará como mezquina toda adhesión a las cosas y cultivará en sí mismo la grandeza, o sea la conciencia de su dedicación a una gran obra. Así, el caballero será valiente y arrojado; lejos de temer a la muerte, la aceptará con alegría, porque ve en ella el ingreso en la vida eterna. El caballero no será servil y, antes, pecará por exceso de orgullo que por excesiva humildad; y en la vida, nada, sino su ideal eterno, le parecerá digno de aprecio. El caballero vivirá sustentado en su fe más bien que en los cómputos de la razón y de la experiencia en esta vida. Afirmará su personalidad ideal, la que ha de vivir en lo eterno, ocultando pudorosamente y con vergüenza la individualidad real, manchada por el pecado, que sería deshonroso exhibir. En suma, el caballero cristiano extrae la serie toda de sus virtudes –y defectos– de su concepción de la muerte y de la vida. Porque subordina toda la vida a lo que empieza después de la muerte.

Vida privada y vida pública

Pero ahondemos algo más en la concepción que de la vida sustenta nuestro caballero cristiano, preguntándonos cómo entiende el conjunto de sus relaciones con los demás hombres. En este punto es esencial el ángulo desde el cual se enfoque la idea de ese trato o relación. La cual puede verificarse entre dos personalidades reales o entre dos personalidades abstractas. En el primer caso, tenemos la relación privada. En el segundo caso, la relación pública. Nuestra vida, en efecto, oscila entre los dos polos extremos de lo absolutamente privado –que es lo más íntimo y personal mío, mi soledad– y de lo absolutamente público –que es lo que no me pertenece ni a mí ni a ningún sujeto en particular–. Entre esos dos polos, los varios momentos de la vida se agrupan, según se aproximen más al uno que al otro. Así, las relaciones conmigo mismo, con las personas de mis familias, con mis amigos, con mis conocidos, pertenecen al hemisferio de lo privado; porque las personas que entran en ellas tienen necesariamente que conservar en ellas sus peculiaridades reales, individuales. En cambio, las relaciones que mantengo con desconocidos, pertenecen al hemisferio de lo público; porque las personas, al entrar en ellas, se han despojado previamente de todas sus peculiaridades reales, para reducirse estrictamente a una mera función abstracta. El trato entre amigos supone que el uno sabe del otro no sólo que uno y otro son seres humanos, sino qué seres humanos son. El trato con un transeúnte, con un funcionario, con un empleado de Banco, &c., no supone, en cambio, nada más sino que el uno sabe del otro que es ciudadano, transeúnte, funcionario, empleado de Banco, es decir, puras abstracciones funcionales. Lo que distingue a un funcionario de otro –el llamarse Pedro o Juan, el tener tales o cuales aficiones, tales parientes y amigos, tales cualidades personales, tanta o cuanta ciencia, &c., &c.– no entra para nada en la relación pública. En cambio, constituye el contenido esencial de la relación privada. La relación pública es, pues, tanto más pública cuanto más vacía de contenido real están las abstracciones humanas que en ella se relacionan. La relación entre dos seres humanos, que en absoluto se desconocen, es más pública que entre dos ciudadanos que se saben conciudadanos; y ésta es más pública que entre dos conciudadanos que se saben colegas; y ésta más pública que entre dos colegas que se saben paisanos. Y así, la relación irá perdiendo el carácter de pública conforme vayan siendo más abundantes en ella los elementos de mutuo conocimiento. Llegará a tener carácter de privada cuando los elementos mutuamente conocidos den ya el tono fundamental a la relación; que irá siendo tanto más privada cuanto más íntimos, individuales, singulares e incomparables sean los elementos de mutuo conocimiento. En el ápice de la vida privada está la relación que yo mantengo conmigo mismo; en donde la intimidad es absoluta y el conocimiento de lo individual es completo y total.

De aquí, empero, se deduce inmediatamente que cada uno de nosotros, puesto que tiene esas dos vidas, la pública y la privada, ofrece a los demás humanos dos aspectos, o mejor dicho, dos personalidades: la pública y la privada. Pero entre estas dos personalidades hay una diferencia fundamental. La personalidad pública está hecha de ideas, pensamientos, conocimientos, acciones, reacciones, &c., que, en rigor, no me pertenecen a mí, sino a la función abstracta –ser humano, ciudadano, funcionario– que estoy desempeñando. En la relación pública no soy *yo* el que piensa, siente y actúa, sino ese ser humano, ese funcionario, ese ciudadano, cuyo papel estoy desempeñando. Mas como lo mismo exactamente puede decirse de cualquier otro hombre, resulta entonces que "nadie" es el funciona rio, el ciudadano; resulta que esa personalidad pública pertenece a todos y a ninguno, y es una personalidad mostrenca, irreal, pura forma o ficción del pensamiento jurídico formalista. Conclusión: que la personalidad privada es la única auténtica y real, y que la pública no significa sino la unidad abstracta de un cierto número de convenciones y de formas pertenecientes a todos y a ninguno; es decir, en realidad, a nadie.

Nuestra conducta, empero, se rige por leyes. Estas leyes o normas, ¿de dónde proceden? Unas proceden del poder soberano, que las impone a toda la colectividad; son las leyes promulgadas debidamente y de obediencia obligatoria. Su infracción está sancionada por el poder público. Otras proceden del conjunto viviente de la comunidad; son costumbres, opiniones, reacciones, modos de conducta que se sustentan sobre el sentir general y reciben la sanción difusa de la sociedad. Otras, en fin, proceden de nosotros mismos; son leyes que nosotros nos damos a nosotros mismos; son normas de conducta que extraemos cada uno de nosotros de nuestra propia conciencia. Ahora bien, si consideramos lo anteriormente dicho, es claro que las dos primeras clases de leyes son leyes públicas. La tercera especie de leyes es, en cambio, ley privada. Así, pues, la ley pública rige para todos los hombres considerados en su personalidad pública; es ley de todos –y de nadie–; vale para esa pura "forma" irreal que llamamos la vida pública. En cambio, la ley privada vale para la persona privada, es decir, para la persona real, íntima, para cada persona individual, en la intimidad profunda de su ser auténtico.

Pero hay épocas en la historia y hay pueblos o naciones que dan a su vida general un tinte preferentemente público o predominantemente privado. Uno de los rasgos que más ampliamente imprimen carácter en la fisonomía de un pueblo o de una época es, justamente, el predominio de la vida pública sobre la privada o de la vida privada sobre la pública. Nuestra época actual, desde 1850, propende a reducir al mínimum la vida privada, concediendo, en cambio, un amplísimo margen a la vida pública. Un sinnúmero de relaciones que antes eran privadas –individuales o familiares– se han convertido hoy en públicas-sociales. Puede decirse, en general, que en nuestra época la vida pública tiende a absorber la vida privada. En cambio, la época histórica llamada Edad Media se caracteriza esencialmente por el gran predominio de lo privado sobre lo público; la mayor parte de las relaciones humanas en esa época medieval propenden a constituirse como relaciones personales privadas, de hombre real a hombre real. Por eso, el proceso de "modernización", el paso de la Edad Media a la época actual, se señala por la "publificación" –perdónese el algo bárbaro neologismo– de la vida; es decir, por la creciente e incesante conversión de lo privado en público. Los historiadores de la Revolución francesa usan, para señalar esta conversión o paso hacia lo público, una palabra muy expresiva: abolición de los privilegios.

Privilegio significa, en efecto, ley privada. La abolición de los privilegios es, efectivamente, la conversión de las leyes privadas en leyes públicas; es justamente ese proceso histórico que hemos llamado "publificación" de la vida. La época actual representará en la historia del mundo los antípodas de la Edad Media. Pero el ideal del caballero cristiano está, como hemos visto, arraigado en la confianza en sí mismo, en la afirmación de la personalidad propia –de la personalidad real, efectiva, no la jurídica y formal–. Esto quiere decir que el caballero percibe la vida colectiva preferentemente bajo el ángulo de la relación privada. El caballero camina por el mundo sin más norma que su ley propia, su ley privada, su "privilegio". A esta ley particular, inscrita en su pecho y mantenida por su brazo, obedece únicamente el caballero, y a ella somete uno tras otro los casos que en el mundo se le presentan; y en ella vacía sus relaciones con los demás hombres. El caballero hace justicia; pero la ley de esa justicia caballeresca no está escrita en códigos ni en seculares costumbres de la sociedad, sino en la conciencia del justiciero mismo. El caballero se vincula por lazos de amistad, conoce a los hombres, los trata, convive con ellos; pero no como frías abstracciones del derecho político o del código civil, sino como cálidas realidades de amor y de dolor. Las relaciones entre los caballeros son esencialmente las que hemos llamado privadas; fúndanse exclusivamente en lo que cada uno es y vale en realidad; nacen del ser individual y conforman la vida de dentro a fuera, de manera que la vida viene a tener la forma que su esencia íntima reclama. Al caballero cristiano le es, en el fondo de su alma, profundamente antipático todo socialismo, o sea, la tendencia a vaciar en moldes de relación y vida públicas lo que por esencia constituye el producto más granado de la persona particular, real y viviente. Para el caballero cristiano, la justicia es un modo inferior de la caridad; y la más sagrada obligación es la que libremente se impone el hombre a sí mismo; como el más intangible derecho es el que cada cual, por su propio esfuerzo, mérito o valor, llega a conquistarse para sí y los suyos.

En esta concepción de la vida como vida privada, hay, sin duda, hoy, cierto anacronismo. Pero no sabemos si por retraso o por adelanto. Algunas de las consecuencias que de esta concepción se derivan, cuentan entre las naciones más adelantadas del momento actual. La hostilidad profunda del caballero español a todo formalismo falso, se compadece mal, claro está, con eso que se ha llamado democracia y con la ridícula farsa del parlamentarismo. El caballero no puede ser demócrata ni parlamentario. Estas dos formas de relación son el prototipo justamente de eso que hemos llamado "publificación de la vida". He aquí que se atribuye soberanía y mando, no al o a los que más valen y pueden y saben, sino a los "elegidos" por sufragio. La falsedad es tan patente, que llega a ser irritante. La competencia, la capacidad, la valía personal son sustituidas por una designación hija del soborno material o espiritual, por un nombramiento que se encomienda –locura insigne– a la masa irresponsable, caprichosa e irracional. A tal y tan absurda consecuencia tenía que llegar una doctrina que empieza por escamotear la realidad de cada hombre, para substituirla por la abstracción irreal de los "ciudadanos", todos iguales entre sí. Mas para que dos hombres sean entre sí iguales, claro está que hay que empezar por despojarlos de todo lo que cada uno de ellos *es en realidad* y reducirlos así a la mera función abstracta de los conceptos. Aquí tocamos, por decirlo así, con la mano la diferencia radical que existe entre la personalidad privada y la personalidad pública; y vemos, por decirlo así, con nuestros propios ojos la realidad de aquélla y la abstracción irreal de ésta. El caballero cristiano no podrá jamás comprender la idea del contrato social, ni la lista de los derechos del hombre y del ciudadano.

Por eso, en el fondo, el pueblo español ha sido siempre rebelde a ese tipo de normas o leyes que se fundan en abstracciones puramente doctrinales. Durante el siglo XVIII, y más aún, durante el XIX, España se aparta de la marcha que el mundo emprende hacia una concepción racionalista de la vida. El aislamiento español durante esos siglos consistió precisamente en eso. El ideario profundo de España repugnaba esas formas de vida pública. Y justamente la reaparición de la España actual en el gran escenario del mundo histórico, coincide con un instante de profunda crisis, en que ya se ven despuntar concepciones nuevas y más congruentes con el sentido realista de la hispanidad eterna.

Ahora bien, esta preferencia de la vida privada –de la *lex privata*– sobre la pública, tiene, por otra parte, algunos inconvenientes. Es innegable, por ejemplo, la imperfección de que siempre han adolecido en España aquellas formas de vida que indispensablemente tienen que ser públicas. Así, en épocas normales, España es un país difícil de gobernar; porque obtener la obediencia a la ley no es fácil en un pueblo para quien la ley no es lo supremo, ni la vida pública la más alta norma. Cada español propende un poco a considerarse, en efecto, como "privilegiado" y exento. Pues, ¿qué tiene que ver con Don Quijote la Santa Hermandad? En cambio, cuando en algún momento punzante de la historia las circunstancias aprietan a España y a los españoles, entonces, ¡qué magníficos ejemplos de cohesión, de heroica abnegación y de disciplinada eficacia! Entonces, la ley privada de cada español coincide y armoniza con la de todos los demás, y se produce el caso de un país entero alzado en suprema tensión, para afirmarse radicalmente contra la amenaza a su nacionalidad.

También en el orden de la vida artística y personal produce sus efectos esta preferencia de lo privado sobre lo público. El caballero cristiano propende un poco a recluirse en su soledad. Si Don Quijote no hubiese muerto, al curarse de su locura se habría hecho fraile. Y no sería superfluo dedicar algunas meditaciones al estudio del solitarismo en nuestra literatura y en nuestro arte. Acaso resultaran, de este estudio, conclusiones bien interesantes; por ejemplo, lo poco que el escritor español lee a los demás escritores de su tiempo, y, por consiguiente, la escasa influencia que *in concreto* ejercen unos sobre otros. El arte y la literatura de nuestro país gustan de los grandes genios solitarios y aislados, hitos magníficos sin escuela ni secuela. Y en sus producciones, esos genios de España afirman en todo y por todo el intimismo, la personalidad privada, el realismo del caballero. Nuestro arte penetra en el interior de las cosas; es arte del "dentro", no arte del "fuera". Nuestro realismo es la afirmación de lo individual, de lo estrictamente singular, de lo que, más que cualquier otra cosa, merece la denominación de "ser substancial y real". Nuestro arte huye de la abstracción, de los convencionalismos, que ocultan la auténtica y verdadera realidad. Nuestros pintores no pintan ni ideas, ni conceptos; pintan individuos reales, en un momento real de su vida. Nuestros escultores no esculpen "la virgen" o "el santo", sino *esta* virgen concreta y *este* santo real. Y, para ellos, la divinidad de Jesucristo está tan íntimamente unida con su real humanidad, que ningún crucifijo del mundo puede parangonarse con los nuestros en conmovedora y apasionada concreción humana.

Ha habido en la historia de Europa una época en la cual la organización de la sociedad estaba fundada esencialmente sobre la realidad personal y efectiva de los hombres, sobre la ley privada o privilegio. Esa época se ha llamado feudalismo. En el período feudal de nuestra historia europea, la vida era –contrariamente a lo que es hoy– sobre todo vida privada. La mayor parte de las relaciones humanas habíanse vaciado en el molde de la relación personal, particular. Pues bien, yo diría que, por naturaleza propia, el caballero cristiano propende al feudalismo. El alma española obedece a preceptos reales más gustosamente que a leyes formales y abstractas; antepone la amistad a la juridicidad; la caridad a la obligación; el valor personal al derecho; la vida privada a la pública. Pero el feudalismo ha desaparecido del mundo hace ya muchos siglos. ¿Se dirá entonces que el caballero español es, en el fondo de su corazón, retrógrado y reaccionario? No. De ninguna manera.

¿Qué significa eso de retrógrado o reaccionario? Evidentemente, esta palabra designa la condición espiritual de quienes anhelan retraer la vida a algún momento ya pretérito de la historia. Pero eso no es posible. La historia no vuelve jamás sobre sus pasos, y, en realidad, nadie puede ser reaccionario si se da cuenta exacta del sentido de esta palabra. Pero si la historia no vuelve jamás sobre sus pasos, es lo cierto, sin embargo, que los pasos de la historia materializan o concretan o singularizan, por decirlo así, un cierto repertorio fijo y determinado de aspiraciones eternas humanas. Cada época de la historia realiza en una modalidad o forma particular unas cuantas actitudes fundamentales del hombre. El feudalismo del siglo XIII fue un modo especial y concreto de dar forma plástica al ideal de la vida privada; como el democratismo socializante de 1890-1930 ha sido un modo especial y concreto de dar forma plástica al ideal de la vida pública. Pero los ideales humanos no caducan, aunque hayan caducado las formas que hubieron de asumir concretamente en los períodos históricos anteriores. Y muchos síntomas de la época presente parecen indicar que la humanidad está quizá llegando ya al punto de saturación de vida pública. Ha de venir pronto un momento en que la actitud humana comience a cambiar; un momento en que los hombres se sientan más atraídos por la vida íntima, privada, personal; un momento en que las relaciones y organizaciones busquen sus fundamentos en las realidades personales, en vez de buscarlos en las formas vacías de los conceptos racionales. Entonces surgirán nuevas maneras de organizar y realizar el ideal de la vida privada. El feudalismo desaparecido fue uno de los múltiples modos posibles de manifestarse ese ideal eterno. El feudalismo no puede retornar. Pero el ideal de la vida privada buscará y encontrará formas nuevas para su manifestación concreta. La civilización humana volverá a pasar por una especie de Edad Media. Claro está que en la historia no hay regresos ni retrocesos. Pero también sería erróneo representarse la historia como una línea recta tendida siempre en la misma dirección; más exacto fuera imaginarla a modo de espiral, cuyos amplios giros pasaran una y otra vez –bien que en planos totalmente diferentes– por ciertos ejes ideales, que serían como las categorías permanentes de la vida humana.

El caballero español expresa y representa una de esas categorías, que en la historia obtuvo ya varias veces plena realización –por ejemplo, una vez en la Edad Media europea–. Representa una concepción de la vida basada en el predominio de la realidad sobre la abstracción, del ser individual sobre la definición racional, de la persona sobre la especie, de lo privado sobre lo público. Es muy posible –y aún muy probable– que este modo de enfocar la vida vuelva otra vez a prevalecer en la historia próxima del hombre. Sin duda, ya no será con las formas del siglo XIII; no será en la concreta modalidad del feudalismo medieval. Pero en formas que aún no sospechamos y con caracteres que no podemos ni vislumbrar, la afirmación de la vida peculiar y privada sobre la vida genérica y abstracta constituirá la esencia de la nueva organización humana. Y, entonces, el caballero español, el caballero cristiano, cuya concepción de la vida es justamente ésa, oirá sonar otra vez su hora en el reloj de la historia. El sentido hispánico de la vida puede ser muy bien el que, de nuevo, dé la pauta al mundo.

No es posible poner término a esta conferencia sin intentar –aunque sea superficialmente– caracterizar en sus grandes rasgos la religiosidad peculiar del caballero cristiano. Porque el caballero cristiano es esencialmente religioso. Lo es de modo tan profundo y auténtico, que, en efecto, el serlo constituye una de sus características radicales, y resulta imposible separar y discernir en él la religiosidad y la caballerosidad. Y no podía por menos de ser así. En la psicología del pueblo español, la fe religiosa, cristiana católica, está tan indisolublemente unida y fundida con el sentimiento nacional, que no le es nada fácil al español ser español y no ser cristiano. ¡Como que el pueblo español se ha forjado en la lucha por salvaguardar su fe, en la preocupación secular de mantener su fe frente al invasor musulmán! La nacionalidad española, el "estilo" hispánico, ha tenido que afirmarse y consolidarse desde un principio, y a lo largo de muchos siglos, justamente en y por la negación de lo no-español. Mas como lo no-español era principalmente lo musulmán, lo español hubo necesariamente de identificarse, desde luego, con lo cristiano, y la hispanidad con la cristiandad. Pero no basta decir que el caballero español es esencialmente religioso; hace falta, además, caracterizar un tanto en qué consiste esa religiosidad. Para resumir brevemente mi pensamiento, condensaré en tres formas principales el carácter de la religiosidad española.

La primera es la confianza ilimitada en Dios y su providencia. El caballero español fía fundamentalmente en Dios. Por eso es paladín de grandes causas; por eso menosprecia la mezquindad y cultiva la grandeza; por eso antepone el arrojo a la timidez y la resolución heroica a la lenta ejecución prudente; por eso, en suma, quiere en todo momento hacer él la vida y la historia, en vez de ser hecho por la vida y por la historia. Frente al fatalismo oriental o al determinismo racionalista, el caballero opone su propio poderío ejecutivo, pero fundado sobre la confianza omnímoda en la asistencia de Dios.

La segunda forma o modalidad de la religiosidad hispánica consiste en el peculiar matiz que la fe tiene en ella. La fe constituye el centro, el eje en torno del cual gira todo el pensamiento y sentimiento religioso. En dos sentidos: como sólido fundamento de todo lo demás y como inequívoca certidumbre de sí misma. Otras almas religiosas conocen las tormentas terribles del corazón y son escenario de dramáticas, de angustiosas luchas entre la voluntad de creer y las acometidas de la duda. Pero la fe del caballero español no sufre jamás de tales vacilaciones y congojas. Es una fe tan segura de sí misma, que ni necesita ni teme las razones. Es, por decirlo así, previa a la razón; más honda que la razón, y arraigada tan en el centro del ser, que su pérdida equivaldría a la destrucción del ser mismo. Es una fe pura, como el puro azul del cielo, sin nubes de duda que la empañen; y tan certera y entera, que podría decirse, en cierto modo, que todo el edificio o estructura de la religiosidad hispánica empieza en la fe y sobre la fe, no antes de la fe; y se desenvuelve a partir de la fe, no como puntal para asegurar la fe. En este carácter del sentimiento religioso español encontraríase seguramente el origen de otros muchos matices propios y peculiares.

IMPACIENCIA DE ETERNIDAD

La tercera forma en que se determina la estructura del sentimiento religioso español es algo que yo llamaría "impaciencia de la eternidad". ¡Impaciencia de la eternidad! ¿Qué quiere decir esto? Quiere decir que el caballero cristiano siente en su alma un anhelo tan ardoroso de eternidad, que no puede ni esperar siquiera el término de la breve vida humana; y "muere porque no muere". Quisiera estar ya mismo en la gloria eterna; y si no fuera pecado mortal, poco le faltaría para suicidarse. Ahora bien, esta premura le conduce a una consideración de los hechos y de las cosas, que es bien típica y característica de su modo de ser. Consiste en poner cada acto y cada cosa en relación inmediata y directa con Dios. Otros tipos humanos consideran y determinan cada cosa y cada acto en relación con la cosa siguiente y el acto siguiente. Construyen así una curva de la vida, una especie de parábola, en donde los hechos y momentos se integran, formando un conjunto singular, personal, individual, la vida histórica de un hombre. Y cabe entonces proponer, como ideal de vida, ese ideal de una "vida bella" que Goethe, el gran pagano, encomiaba y quiso realizar. Pero el caballero español, que tiene mucha prisa por estar en Dios y con Dios y siente insaciable afán de eternidad y quiere la eternidad ya mismo, ahora mismo, procederá en la vida de muy distinto modo. No colocará los actos y las cosas en relación con los siguientes, para tenderlos a lo largo del tiempo en una curva plástica o estética, sino que querrá poner cada acto y cada cosa en relación directa e inmediata con Dios mismo; querrá "santificar" su vida santificando uno por uno cada acto de su vida; querrá vivir cada momento "como si" ya perteneciese a la eternidad misma; querrá "consagrar" a Dios cada instante por separado, precisamente para descoyuntarlo de todo sentido y relación humanos y henchirlo, desde ahora mismo, de eternidad divina.

Para satisfacer esta su impaciencia de la eternidad, el caballero español necesita, empero, abolir toda distancia entre el ser temporal y el ser eterno. Necesita unir indisolublemente su vida personal con Dios. Y esto, de dos maneras complementarias: viendo, percibiendo, descubriendo a Dios en cada uno de los momentos y hechos de su vida terrestre; y, por otra parte, encumbrando hasta Dios, hasta la eternidad de Dios, cada uno de esos momentos y hechos. ¡Doble movimiento del misticismo hispánico, que descubre al Señor en los "cacharros" y sabe elevar hasta Dios los repliegues más humildes de la realidad humana! Así, más o menos vagamente, la conciencia religiosa del caballero concibe la gloria eterna no tanto como una recompensa que ha de merecer, sino más bien como un "estado" del alma, al cual desde ya mismo puede por lo menos aspirar. Al "muero porque no muero" hay que añadir el "no me mueve mi Dios para quererte". La vida terrestre se le aparece al caballero como una especie de anticipación de la gloria eterna; o mejor dicho: el caballero se esfuerza por impregnar él mismo de gloria eterna su actual vida terrestre –tal y tanta es la premura, la impaciencia que siente por estar con Dios–. A diferencia de otras almas humanas, que aspiran a lo infinito por el lento camino de lo finito, el caballero cristiano español anhela colocarse de un salto en el seno mismo de la infinita esencia.

Y si meditáis, señoras y señores, esta condición espiritual del sentimiento religioso español, fácilmente encontraréis en ella la raíz más profunda de todas las demás propiedades que hemos señalado en el caballero cristiano, o, lo que es lo mismo, en el estilo español. Porque es cristiano, y porque lo es con ese dejo o rasgo profundo que llama impaciencia de la eternidad, es por lo que el hispánico es caballero y todo lo demás. Dijérase un desterrado del cielo, que, anhelando la infinita beatitud divina, quisiera divinizar la tierra misma y todo en ella; un desterrado del cielo, que, sabiendo inmediatamente próximo su ingreso en el seno de Dios, renuncia a organizar terrenalmente esta vida humana y se desvive por anticipar en ella los deliquios celestiales. La impaciencia de la eternidad, he aquí la última raíz de la actitud hispánica ante la vida y el mundo. Mientras prepondere entre los hombres el espíritu racionalista de organización terrestre y el apego a las limitaciones; mientras los hombres estén de lleno entregados a los menesteres de la tierra y aplacen para un futuro infinitamente lejano la participación en el ser absoluto, la hispanidad desde luego habrá de sentirse al margen del tiempo, lejos de esos hombres, de ese mundo y de ese momento histórico. Pero cuando, por el contrario, el soplo de lo divino reavive en las almas las ascuas de la caridad, de la esperanza y de la fe; cuando de nuevo los hombres sientan inaplazable la necesidad de vivir no para ésta sino para la otra vida, y sean capaces de intuir en esta vida misma los ámbitos de la eternidad, entonces habrá sonado la hora de España otra vez en el reloj de la historia; entonces, la hispanidad asumirá otra vez la representación suprema del hombre en este mundo, y sacará de sus inagotables virtualidades formas inéditas para dar nueva expresión a los inefables afanes del ser humano.